本项目由中非（南）职业教育合作联盟执行秘书处组织实施，
常州信息职业技术学院中国—南非产业合作与职业教育研究中心具体执行

中非（南）职业教育合作联盟执行秘书处
中国—南非产业合作与职业教育研究中心　｜　委托项目

南非经济、产业及教育概览

AN OVERVIEW OF
SOUTH AFRICA'S ECONOMY,
INDUSTRY AND EDUCATION

王鸿凯　刘　霞
柳岸敏　黄　超　｜　主　编

社会科学文献出版社
SOCIAL SCIENCES ACADEMIC PRESS (CHINA)

总　序

近年来，随着中非合作深化和"一带一路"建设的推进，中国和南非关系快速发展，两国高层交往密切，战略互信不断提高，务实合作蓬勃发展，两国关系已成为中非关系和新兴市场国家团结合作的典范。

目前，中国是南非最大贸易伙伴，南非是中国在非洲最大贸易伙伴，两国双向投资规模不断扩大。大量中资企业赴南非投资，投资领域涵盖基础设施建设、汽车制造、纺织、电子通信、金融、采矿、制药、农产品加工等众多产业门类。2017年"中国—南非高级别人文交流机制"正式启动，两国在教育、文化、科技、卫生、青年、妇女、旅游、智库等诸多领域开展深入合作，两国关系行稳致远。

常州信息职业技术学院是国家示范性高职院校，入选中国特色高水平高职学校建设单位。学院主动服务国家对外开放大局，积极参与职业教育国际合作和"一带一路"建设，促进中外人文交流。在全国高职院校中，率先与南非在职业教育领域开展了多方面的合作。

2017年2月，作为国内首个试点高校，学院承接南非高等教育与培训部工业和制造业培训署（MerSETA）公派留学生培训项目和职业院校教师培训项目，创设了"实训＋实习"培养模式，形成了"人文＋技能"的项目培养特色。2018年1月，在教育部中外人文交流中心指导下，学院承办"中国—南非职业教育合作·技术技能人才培养磋商会"，会上来自两国的58家单位共同发起成立"中非（南）职业教育合作联盟"。2018年12月，在中国—南非高级别人文交流机制第二次会议上，联盟及其开展的南非学生来华学习实习项目被纳入机制教育领域成果，学院作为全国高职院校唯一代表受邀参加了机制会议。2019年1月，中非（南）职业教育合作联盟中方理事会成立，学院担任常务副理事长单位和中方执行秘书处单位，推动建立跨境职业教育合作新模式，推动南非学生来华学习实习项目在全国二十余所高职院校中实施。2019 年 12 月，学院在南非工业制造业中心艾库鲁莱尼市成立南非首家"鲁班工坊"，这也是全国高职院校中建立的首家"鲁班工坊"。学院努力深化产教融合，汇聚各方资源，探索"政府主导、行业协调、企业主建、院校主教"的海外办学模式。

与此同时，为更好地开展对南非合作，加强对南非历史文化、经济政策、高等教育体系（尤其是高等职业教育体系）和中南人文交流等方面的研究，学院于 2018 年 5 月成立"中国—南非产业合作与职业教育研究中心"，中心人员除学院专兼职研究人员外，还有来自东南大学、南京大学、上海大学等高校的专家学者。2019 年 7 月，学院与南非约翰内斯堡大学签订合作协议，中心与约翰内斯堡大学"中国—非洲研究中心"成为正式合作伙伴关系，开启双方在中非联合人才培养、学术研究合作、教师交流互访等方面的合作。

本系列成果既是"中国—南非产业合作与职业教育研究中心"的理论研究成果，也是学院推进"中国特色高水平高职学校建设"的实践成果。本系列成果包括《南非经济、产业及教育概览》《中国南非产教融合式产业合作："一带一路"倡议下的机遇研究》《南非职业教育与教育体制研究》三本书。希望这些成果能够为从事南非经济、产业及职业教育研究人员，在南从事投资和贸易活动的企业人员，以及从事对南交流合作的相关机构管理人员提供有益的参考和借鉴。

目 录

引　言

"一带一路"倡议实施以来，中国与南非之间的双边经贸关系迅猛发展。截至 2019 年，中国已连续十年成为南非最大的贸易伙伴，大量中资企业将南非作为新的投资热土，目前中国对南非投资累计已超过 250 亿美元，涉及基础设施建设、汽车制造、纺织、电子通信、金融、采矿等众多产业门类。与此同时，在中南两国领导人亲自关心和推动及双方共同努力下，双方启动了"中国南非高级别人文交流机制"，涵盖了双方在教育、文化、科技等诸多领域的合作。

为了促进中国与南非在经贸、教育等方面的合作，常州信息职业技术学院"中国—南非产业合作与职业教育研究中心"组织人员编写了本书。本书系统地介绍了以下三个方面的内容：第一，南非主导产业的发展现状以及未来的产业发展规划；第二，面向就业与高层次人才培养的南非学校后教育体系；第三，南非技能培训与行业教育培训体系，以使国内读者能够全面深入地了解南非经济、产业、教育等方面的基本情况。

本书编写过程中得到了南非国家科学院院士、约翰内斯堡大学王庆国教授的大力支持和帮助。南非贸易工业部（Department of Trade and Industry，DTI）以及南非高等教育与培训部（Department of Higher Education and Training，DHET）分别授权本书作者使用 Industrial Policy Action Plan 2018 和 Statistics on Post-School Education and training in South Africa 2017 等资料，本书的大部分内容均译取自这些资料，在此表示衷心的感谢！

本书是团队合作的结果，引言及第一章由黄超、刘霞撰写，第二章由王鸿凯撰写，第三章由柳岸敏撰写，全书由黄超负责框架设计并完成统稿工作。由于作者水平有限，本书中存在的不足之处还请相关领域的专家学者批评指正！

作者

2020 年 8 月

第一章
南非产业发展现状与规划

一 南非经济发展概况

（一）经济增长率

南非共和国（The Republic of South Africa），简称"南非"（SA），地处非洲大陆的最南端，陆地面积为1219090平方千米，其东、南、西三面被印度洋和大西洋环抱，陆地上与纳米比亚、博茨瓦纳、莱索托、津巴布韦、莫桑比克和斯威士兰接壤。截至2012年，南非共有人口5177万（南非第三次人口普查报告，南非国家统计局2012年10月公布）。分黑人、有色人、白人和亚裔四大种族，分别占总人口的79.6%、9%、8.9%和2.5%。在20世纪80年代初至90年代初由于受国际制裁影响，南非经济出现衰退。目前，南非是非洲的第二大经济体，属于中等收入的发展中国家，国民拥有较高的生活水平，经济比其他非洲国家相对稳定。南非2018年国内生产总值（GDP）为3766.8亿美元（2017年为3493亿美元），全球排名第33位（在非洲仅次于尼日利亚）。在国际事务中南非被认定为一个中等强国，并具有显著的地区影响力。南非国家统计局最新数据显示，南非2018年经济增长率为0.8%，比预期水平略有提高。

南非经济在经历了多年的增长缓慢和2009年的下降之后，现正呈复苏迹象。从2010年到2017年，实际GDP年均增长率为2.0%（见图1-1），仍远低于公认能够有效应对贫困、失业和不平等三重挑战所必需的5%左右的增长率。

2016年南非GDP增长率0.6%，是2009年经济衰退以来的最低水平。

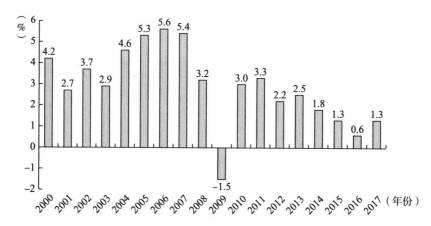

图 1 - 1　2000～2017 年南非实际 GDP 增长率

资料来源：IPAP2018。[1]

除影响南非出口业绩和外国直接投资的全球经济放缓外，国内因素和事态发展也影响着南非经济。其中最主要的是有记录以来最严重的旱灾，它不仅影响到农业产出、就业和投资，而且通过产业部门间的联系影响到多个关联产业的生产活动。

2003 年到 2008 年，大宗商品超级周期带来的核心制造业投资使得这一时期南非的固定资本总额强劲增长，复合年增长率超过 13%。全球金融危机爆发后，2009 年至 2014 年，这些行业的复合年增长率仅为 2%，制造业裁员近 20 万人。危机过后，南非采取了基础设施建设计划、供给侧支持措施（例如制造业竞争力提升计划）等一系列政策干预措施。虽然按实际价值计算，自 1994 年以来几乎所有产业都有所增长，但对长期经济增长和创造就业至关重要的生产行业的增速远远低于服务业（见图 1 - 2）。相对于其他行业不同程度的停滞或衰退，其金融业、保险业和房地产和商业的优势越来越大。由此可见，南非国内经济中存在深层次结构性问题。

在制造业，最显著的结构性特征为产业仅集中于食品加工、焦炭和石油产品、其他化学品、基础钢铁、金属产品和汽车六个细分行业。1994 年，这六个细分产业约占制造业增加值的 37%，而到了 2015 年该比例已接近

---

[1]　*Industrial Policy Action Plan*（*IPAP*，产业政策行动计划），Pretoria, South African：Department of Trade and Industry（DTI，贸易与工业部），2018，以下简称 IPAP2018。

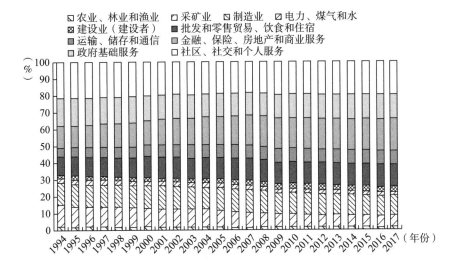

图 1－2　1994～2017 年南非的 GDP 构成

资料来源：IPAP2018。

50%。就政策层面而言，南非鼓励汽车及其他运输设备生产的强劲增长，政府重点干预的行业是服装、纺织品、皮革和鞋类（CTLF）以及就业大量增长的业务流程服务（BPS）领域。

制造业的高度集中使得南非很容易受到内外部冲击的影响。近年来，南非经济正在遭受这种内外双重冲击。造成这种局面的原因是多方面的，如国有企业业绩不佳、管理成本大幅上涨、物流瓶颈和其他经济基础设施的限制等。

2017 年南非经济增长 1.3%，好于预期情况。如图 1－3 所示，这一复苏主要得益于农业产出的强劲反弹以及矿业的重大贡献。大多数其他部门的增长幅度仍然相当缓慢，商业环境和经营环境困难。消费者的购买欲和商业信心低迷影响了许多行业和服务业，导致产能过剩、投资疲软和就业低迷。

不算农业增长，南非 2017 年的经济增长率仅为 0.9%。这表明南非经济复苏的脆弱性，以及恢复消费者、企业和投资者对经济信心的紧迫性。2017 年家庭消费支出约占全国 GDP 的 60%，同比增长了 2.2 个百分点。尽管这一数字好于预期，但它仍然反映出南非低收入家庭所面临的挑战，特

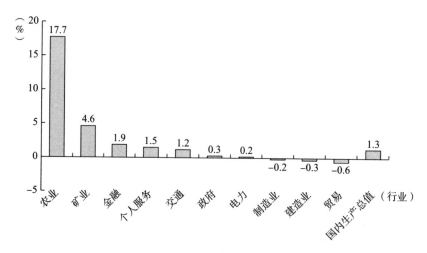

图 1 - 3　南非 2017 年子行业 GDP 增长率

资料来源：IPAP2018。

别是高负债、可支配收入增长不多和就业前景不佳的家庭。尽管较低的通货膨胀率和利率能减轻负债累累的消费者的负担，但疲软的经济环境短期内将继续影响消费者在一段时间内增加支出的能力和意愿。这种小规模复苏的脆弱性显示了在一段时间内抑制国内经济强劲增长的一个最重要的结构问题——固定投资活动（尤其是经济生产部门）缺乏活力。

面对严峻的财政挑战，过去两年，政府不得不削减经济和社会基础设施支出，2015～2017 年，政府实际固定投资支出下降 4.1%（见图 1-4）。影响私营部门固定资产投资的因素是复杂的。除了许多行业的需求疲软和产能过剩，政治方面的事态发展也严重影响了私营部门的投资倾向。政策的不确定性和矿业、农业等关键部门的不协调，以及南非主权信用评级可能进一步下调，加剧了政治方面的不确定性。因此，私营部门的固定投资支出在 2015 年（-0.5%）和 2016 年（-5.3%）有所下降，在 2017 年有小幅上升，为 1.2%。

在 2007～2017 年的大部分时间里，南非民众的商业信心一直低于关键的 50 点关口，表明其对经营状况存在一定程度的悲观情绪。尽管该数值在 2017 年第三季度有所回升，但仍处于低水平（见图 1-5）。2017 年第四季度的情况表明大多数受访者仍对南非经济状况非常不满。

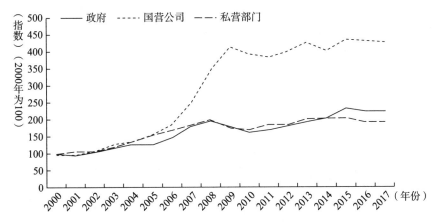

图 1 - 4　2000 ~ 2017 年按机构类别划分的实际固定投资

资料来源：IPAP2018。

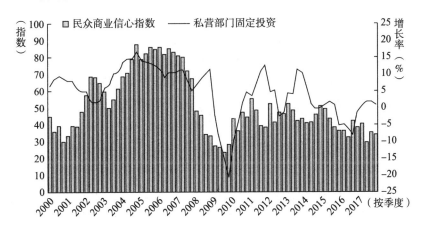

图 1 - 5　2000 ~ 2017 年私营部门固定投资和民众商业信心指数

资料来源：IPAP2018。

　　不仅商业信心在很长一段时间内处于低水平，而且在接受调查的所有行业，包括制造业、零售和批发贸易以及汽车贸易，普遍存在负面情绪。在制造业中，商业信心 2017 年创下八年以来的低点，之后开始回升，2018年第一季度上升至 37 点（见图 1 - 6）。然而，超过 60% 的制造业受访者表示，他们对当前的商业环境不满意。外部市场状况的改善、零售销售的逐渐增长以及政治舞台上最近的事态发展，很可能对未来的商业和投资者信心产生积极的影响，推动固定投资活动持续好转。

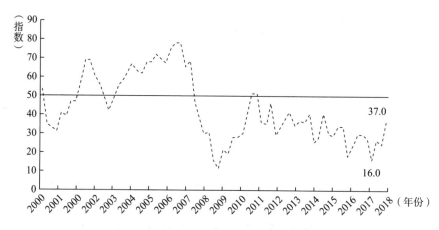

图 1 - 6 2000～2018 年制造业的商业信心

资料来源：IPAP2018。

（二）就业情况

从 2008 年初开始，南非经济确实创造了 175 万个新的就业机会，其中大部分属于更广泛的公共部门，即 "社区和个人服务" 类别部分（见图 1 - 7）。

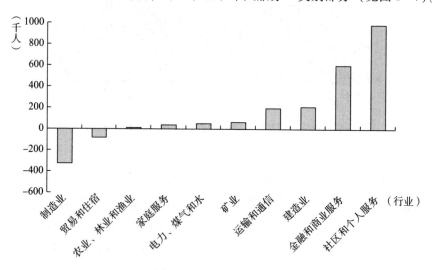

图 1 -7 与 2017 年第四季度相比 2008 年第一季度南非就业人数变化

资料来源：IPAP2018。

全球金融危机和随后的经济衰退期间，南非失去了大约 112 万个国内就业岗位（见图 1 - 8）。制造业受到的打击最为严重，目前的就业人数比 2008 年减少了 32 万人。

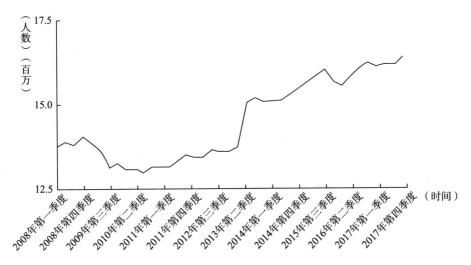

图 1 - 8　2008 ~ 2017 年南非就业人数变化情况

资料来源：IPAP2018。

在更深的结构层次上，一个令人担忧的趋势是南非经济的就业强度不断下降，这一趋势在制造业更加明显，制造业部门就业占国内总产值的比例显示了这一点（见图 1 - 9）。尽管这一趋势并非南非独有，但它在这里以一种特别尖锐的形式表现出来，即所有的利益相关者迫切需要着手处理一系列相互联系的问题，这些问题可能会严重破坏社会经济的稳定。

过去十年乃至更长的时间里，经济无法为不断扩大的劳动力创造足够的就业机会，这反映在总体失业率的持续上升中。在 2017 年前三个季度，整体失业率逼近 27.7%，为 2004 年来的最高水平。尽管后来出现了小幅下降——2017 年第四季度降至 26.7%，但这并不意味着出现了稳定的下降趋势（见图 1 - 10）。

目前南非约有 590 万人仍处于失业状态，如果算上灰心丧气的求职者，失业人数将增至 920 万人。更令人关注的是，大约 2/3 的失业者已经失业一年以上，失业人员的技能和受教育水平低等问题没有得到充分的解决，特别是在这个越来越需要先进技术才能在竞争激烈的全球经济环境中取得成功的时期。

为实现经济增长、提高就业水平，南非必须面对现实。南非要在技术

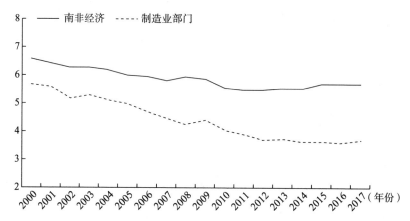

图 1 – 9   2000 ~ 2017 年南非经济的就业强度（每百万 GDP 创造的工作数量）
资料来源：IPAP2018。

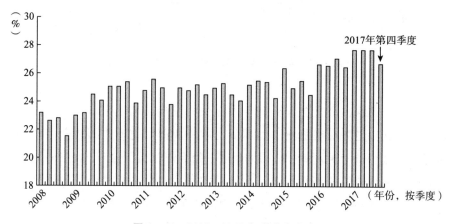

图 1 – 10   2008 ~ 2017 年南非失业率
资料来源：IPAP2018。

和资本密集程度日益提高的全球趋势下找到自己解决问题的独特办法，创造有价值的工作机会，就必须克服这些系统和体制上的挑战。

（三）制造业发展现状

近年来，南非制造业一直处于巨大的压力之下。随着时间的推移，该行业对南非国内生产总值的贡献不断下降，从 1981 年创下的占 GDP 近 25% 的历史高点，下降到 2017 年仅为 13.2%。从全球的角度来看，这一贡献水平远远低于东亚和太平洋区域发展中经济体以及中等收入国家的比例。此外，尽管制造业在这些同类群体中所占国内总值的份额随着时间的推移也一直在下降，但南非的不利趋势则明显得多（见图1-11、图1-12）。

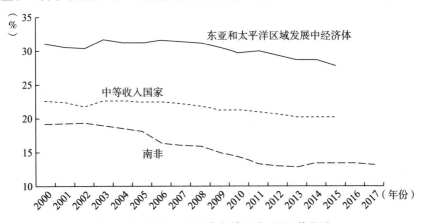

图1-11 2000~2017年制造业占GDP的比重

资料来源：IPAP2018。

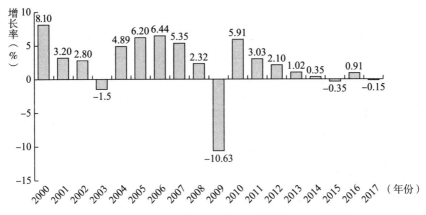

图1-12 2000~2017年南非制造业的实际GDP增长率

资料来源：IPAP2018。

由于制造业与各种供应商、辅助部门、服务提供商有很强的就业联系和经济联系，对南非经济而言，制造业在创造就业机会、增加国际收支等方面至关重要。在连续三个季度收缩之后，2017年第二季度出现温和反弹，第三季度和第四季度进一步增长。

如图1-13所示，除了食品、饮料和金属与机械子行业，以及家具和其他行业有小幅度增长，其他所有的制造业部门都出现产量下降。

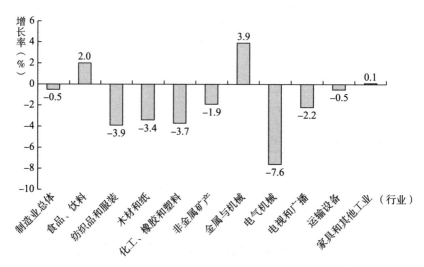

图 1 – 13 2017 年按行业分类的制造业产出增长率
资料来源：IPAP2018。

此外，全球钢铁危机对南非国内钢铁行业产生了负面影响，低价进口产品在需求疲弱的南非市场上展开了激烈竞争。同样，尽管制衣和纺织业的生产流程和生产率有了重大改善，但它们仍然受到廉价（往往是非法）进口产品的巨大压力。即使是在结构更为复杂的汽车行业，国内和全球消费者的需求低迷也影响了该行业过去五年多来所取得的成就。

持续艰难的全球和国内经营环境无疑在许多方面对南非制造业造成了损害，总体产出仍比危机前的峰值低 10%，许多行业存在产能过剩。在2017 年最后一个季度，70% 的制造商表示，制造业产量水平仍远低于产能。这显然会影响投资决定，从而进一步影响就业机会的创造。

（四）吸引外部投资与商品出口

据联合国贸易和发展会议（简称贸发会议）估计，2017 年全球外商直接投资下降了 16%，只有 1.5 万亿美元。发达国家，尤其是英国和美国的外商直接投资流入大幅度下降。中国等亚洲发展中国家以及拉丁美洲和加勒比地区的资金流入略有下降。相比之下，流入非洲的外商直接投资估计下降了 1%，至 490 亿美元，主要反映了商品市场的不利条件及其对非洲经济体经济表现的影响（见图 1 – 14）。然而，据贸发会议估计，流入南非的外商直接投资尽管仍远低于历史水平，但可喜的是在 2017 年同比增加了 43%，达到 32 亿美元。

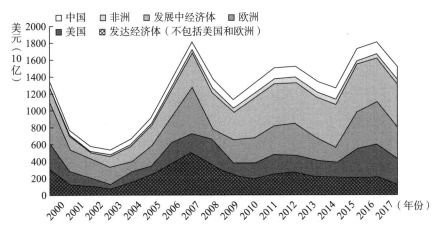

图 1-14　2000~2017 年全球吸引外商直接投资情况

资料来源：IPAP2018。

在南非国内需求疲软的情况下，国际上不断增加的进口需求对南非经济尤其重要。2017 年南非对其主要贸易和投资伙伴的出口占南非 2017 年商品出口总额的 76%。

2017 年，南非出口中 26% 以上的产品销往非洲市场。非洲大陆实际上是南非制成品出口的主要外部市场，主要产品以非电动机械、加工食品、化工产品以及汽车、零件及配件为主。预计许多非洲经济体经济前景的改善，将为加强南非的制造能力以及通过发展跨界价值链实现非洲区域一体化提供坚实的基础。

2017 年，南非对欧盟的商品出口额为 2616 亿兰特，出口产品主要是汽车、零件及配件，约占出口总额的 32%。铂族金属紧随其后，在对欧盟的出口中占据约 12% 的份额。

2017 年，中国吸收了南非 19.7% 的矿物出口，包括 62% 的铁矿石出口和 45% 的有色金属（如铬、锰、铜）出口。同期出口到中国的制成品仅占3.9%，主要包括纸张及纸制品以及加工食品。

2017 年南非对美出口中，铂族金属占主导地位，占比近 23%，而汽车、零件及配件占 21.2%（见表 1-1）。

表1-1 2017年南非主要商品出口到特定地区和国家

单位：%

排名	非洲国家：3114亿兰特，占南非出口的26.3%		欧盟：2616亿兰特，占南非出口的22.1%		中国：1156亿兰特，占南非出口的9.8%		美国：887亿兰特，占南非出口总额的7.5%	
	部门	份额	部门	份额	部门	份额	部门	份额
1	非电动机械	11.6	汽车、零件及配件	31.9	其他采矿（如铬、锰）	37.7	铂族金属	22.7
2	加工食品	10.5	铂族金属	11.7	铁矿石	34.2	汽车、零件及配件	21.2
3	化工产品（例如药物）	7.7	农业、林业和渔业	8.7	基本钢铁产品	10.1	基本钢铁产品	12.5
4	汽车、零件及配件	7.6	其他采矿（如铬、锰）	7.3	农业、林业和渔业	4.3	其他采矿（如铬、锰）	7.6
5	石油及石油产品	7.1	基本钢铁产品	6.2	有色金属产品	3.7	有色金属产品	7.0
6	其他采矿（如铬、锰）	6.1	其他制造业	4.2	纸张及纸制品	3.0	工业化学品	6.2
7	基本钢铁产品	5.2	工业化学品	4.1	加工食品	1.3	其他制造业	5.5
8	工业化学品	4.6	加工食品	2.9	工业化学品	1.0	化工产品（例如药物）	2.4
9	有色金属产品	4.3	有色金属产品	2.9	其他制造业	0.7	农业、林业和渔业	2.3
10	农业、林业和渔业	4.0	铁矿石	2.8	铂族金属	0.7	非电动机械	2.1
11	电机	3.4	煤炭开采	2.5	化工产品（例如药物）	0.7	加工食品	1.6
12	饮料	2.5	化工产品（例如药物）	2.5	饮料	0.4	其他运输设备	1.5
	累计	74.6	累计	87.7	累计	97.8	累计	92.6

资料来源：IPAP2018。

二　南非产业发展的焦点问题

南非贸易与工业部在 2018～2021 年重点关注南非产业发展的六个方面。

（一）公共采购与国产化率

1. 指定采购

2017 年，根据南非财政部审计的合并财务报表，在消除会计准则和实体间交易的差异后，公共采购总额达 8.42 亿兰特，如图 1-15 所示。

这表明，公共支出对经济增长和创造就业机会有着巨大的影响。显然，政府可以利用其财政实力战略性地实现其他目标，例如通过增加国内生产来进一步提高国内产业的竞争力。为了应对国家面临的许多社会经济挑战、支持工业发展，南非政府优先采购国内生产的产品。这一优先事项通过现行的采购立法——《优惠采购政策框架法》（PPPFA）及其条例来实施。

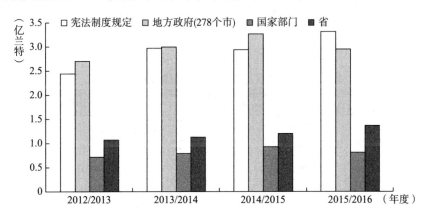

图 1-15　政府在商品、服务及相关项目上的支出

资料来源：IPAP2018。

2011 年，为了促进国内生产产品，政府修订了《优惠采购条例》，并授权贸易与工业部指定所有国家机关在国内采购的产品，规定部门和子部门采购量的最低国产化率。这些法规在 2017 年再次被审查，新的法规旨在加强国家实体遵守采购量国产化率的要求，并于 2017 年 4 月 1 日起生效。

在 2014～2019 年中期战略框架（MTSF）中，政府将国内采购确定为通过促进国内生产和提高生产部门生产、就业份额来支持再工业化目标的关键政策杠杆。MTSF 的国内采购目标为：于 2019 年在商业可行的基础上实现国内采购量达所有产品的 75%。

（1）2017 年关于国产化率和促进国内生产的《优惠采购条例》

其中的典型条款包括：

● 条例 8（1）：授权 DTI 与财政部协商，仅考虑满足国产化率规定最低采购量的国内生产产品；

● 条例 8（2）：国家机关有义务在指定产品的投标邀请中加入国产化率指标；

● 条例 8（3）：财政部将通过函件及时将新的指定产品通知各州机关；

● 条例 8（4）：允许国家机关"自行指定"采购产品，前提是它们必须事先与 DTI 和财政部协商；

● 条例 8（5）：任何不符合国产化率指标要求的投标都应被取消资格。

（2）公共采购系统中指定用于国内生产的部门

迄今为止，共有 23 个部门被指定用于国内生产，具有最低国产化率采购量（见表 1 – 2）。

表 1 – 2　公共部门采购中指定用于国内生产的部门

类别	最低国产化率
铁路车辆	
– 内燃机车	55%
– 电力机车	60%
– 电力动车组	65%
– 货运车辆	80%
公共汽车车身	70% ~ 80%
罐装/加工蔬菜	80%
服装、纺织品、皮革和鞋类行业	100%
太阳能热水器（水箱和收集器）	70%
机顶盒	80%
某些医药产品	视情况而定
家具产品	85% ~ 100%

续表

类别	最低国产化率
电气和电信电缆	90%
阀门和驱动器	70%
工作船	60%
居民用电水表	50%～70%
钢制输送管、管件和专用工具	80%～100%
电力线硬件和结构	100%
变压器	10%～90%
双向无线电	60%
太阳能光伏组件	15%～90%
铁路信号系统	65%
轮式垃圾箱	100%
消防车	30%
建筑用钢制品和构件	100%
铁路永久道路	90%
泵和中压电机	70%

资料来源：IPAP2018。

（3）指定部门的实施进展

指定原则中的强制性要求是，所有供应商在公共部门内投标货物、工程和服务合同时，必须满足规定的最低采购量。如果由于材料、设计、标准和技术选择不可用，投标人无法达到要求的最低采购量，还规定了某种形式的弹性。投标人可以在投标时联系 DTI，同时投标仍然开放，以获得豁免书，通过支持其国产化率声明弥补不足。投标人和采购实体在执行国产化率时使用技术规范（SATS 1286：2011），该规范提供了基于国内制造以投标价格的百分比表示的国产化率的标准定义。

南非政府建立了由各部门官员组成的工作组负责审查技术规范，其主要目的是缩小已发现的差距，处理含糊不清的问题。这项工作已经完成，该文件现在由南非标准局（SABS）作为国家标准出版（SANS 1286：2017）。表1-3显示，2015年3月至2017年7月，通过国产化率要求，已锁定近599.5亿兰特的采购金额。主要交易是铁路车辆采购，有495亿兰特。

表 1-3　投标中指定用于国内生产的份额：2015 年 3 月至 2017 年 7 月

指定产品	签署提交给 DTI 的标准招标文件（个）	每个部门的总价值（千兰特）	核实的公司数量（个）	投标价格已核实（千兰特）	投标价格已核实/总价值（%）
纺织品和服装产品	312	1968084	2	624417	31.73
家具产品	75	228092			0.00
电气和电信电缆	26	1754244	3	257810	14.70
罐装/加工蔬菜	5	2008			0.00
阀门和执行机构	18	74934			0.00
铁路车辆	4	49547220			0.00
机顶盒	1	4300000	3	600000	13.95
电力塔架	3	740212	3	740212	100.00
太阳能热水器	13	446253	12	303055	67.91
钢材	2	207			0.00
公共汽车	3	806600	1	132481	16.42
工作船和船只	3	86020			0.00
总计	465	59953874	24	2657975	4.43

资料来源：IPAP2018。

（4）持续使用第 8.4 条来支持非指定产品的国内化

2017 年的《优惠采购条例》第 8.4 条促进了非指定以及尚未指定产品的国内采购情况。条例规定：如果没有指定的部门，国家机关可以作为投标的一个具体条件，只考虑国内生产的服务或货物，或国内生产的并对国产化率有规定最低门槛的国内制成品，采购量则必须符合贸易与工业部和财政部协商确定的标准。

（5）地方实施面临的问题

地方实施国产化率时仍需要注意以下问题：

①要有国产化率要求的投标公告；

②投标人必须提交正确的申报文件；

③投标人对国内生产的最低采购量的声明；

④根据国产化率要求对投标书进行适当评估；

⑤评标委员会和评审委员会对国产化率要求和产业政策目标的理解；

⑥国家机关向贸易与工业部汇报的标底。

南非审计长办公室已参与这一事项，目前正在对指定产品采购支出进行审计，但是对于违规行为没有严格的法律和行政处罚措施。南非政府目前协调性不够，机构过于零散，在制度上也很薄弱，无法在地方上充分监测合规性。同时，规定的执行仍然是一个问题，根据现行的条例，贸易与工业部没有权力惩处相关的违规行为。

2. 国家工业参与计划（NIPP）

国家工业参与计划目前正在管理大约 100 亿兰特的国家工业参与任务，这些任务主要来自国防、石油和天然气、汽车、航空航天、铁路、能源和信息通信技术（ICT）等部门。承担国家工业参与任务的公司数量分布在国防（7 家）、石油和天然气（12 家）、汽车（6 家）、航空航天（7 家）、海洋（3 家）、铁路（3 家）和 ICT（5 家）。NIPP 也在与制药公司谈判有关的工业参与计划合同。这些协议估计涉及金额为 100 亿兰特，在 2018/2019 财政年度结束前敲定。

（1）消防车零部件的国产化设计与制造

Marce 消防技术公司是一家专门为撒哈拉以南非洲市场设计、制造和供应消防车的公司。通过与 Moipone 集团公司合作，Marce 公司的消防技术为南非空军提供航空救援和消防车辆。Moipone-Marce 合资公司与 DTI 签订了国家工业参与计划义务协议。

作为本协议的一部分，Moipone-Marce 合资公司提交了一份商业计划，承诺合资公司投资 1000 多万兰特建立一个生产设施，生产消防车的四个部件，在此过程中，在指定的三个部件中增加国内附加值。该商业计划于 2017 年 8 月获得政府气候变化专门委员会的批准（见表 1-4）。

表 1-4　Moipone-Marce 参与 NIPP 项目的资金和工作预测

单位：兰特

	国产化率	投资	出口销售	国内销售
主驾驶室	65%	2725000	30000000	5000000
24 型号轮辋	95%	340000	7847000	3192000
底盘导轨	80%	2215000	8695000	2220000

续表

	国产化率	投资	出口销售	国内销售
显示器	55%	4880000	21470000	7820000
总计	—	10160000	68012000	18232000

资料来源：IPAP2018。

如表 1 - 4 所示，该投资有可能在三年内产生近 7000 万兰特的出口收入和 1800 多万兰特的国内销售额。

（2）电子设备的国内制造和组装

本商业计划涉及在博克斯堡的 CZ 电子制造（私人）有限公司（Czem）工厂增强制造和组装能力。投资商卡哥特科提供的资金将用于购置必要的设备，以便在国内生产和组装解码器盒和经济适用的电视机。额外生产线是由 PEP 集团、PicknPay 集团和交换机集团对开放式电视箱和电视机的需求推动的。根据商业计划，Czem 与这些零售集团签订了承购协议，在三年的时间内为这三个零售集团提供约 6.69 亿个机顶盒。

除了机顶盒，PEP 集团还与 CZ Technologies 签订了一份单独的承购协议，以设计、制造和供应面向非洲低收入人群的自有品牌电视机。据估计，三年内，对这些电视机的需求量为 4.57 亿台。总的来说，这项额外的业务预计将在三年内创造大约 17 亿兰特的销售收入，在此过程中还将创造 102 个新的工作岗位。

（3）Axminster 和 Wilton 机织地毯的国内制造和出口

国家工业参与计划支持 Crossley 公司获得为 Axminster 和 Wilton 十艘邮轮和两艘皇家加勒比船只编织地毯的合同，该公司以 440 万欧元的成本增加四台新的高速机器，以提高其产能。该项目通过提供担保来协助 Crossley 公司支付所需机械购置贷款的利息成本，帮助 Crossley 公司保持其在全球市场的竞争优势。

（4）皮拉图斯（Pilatus）对南非飞机复合材料部件制造的投资

总部位于萨默塞特西部的飞机和汽车部件制造商 AAT 复合材料公司正在通过生产比传统金属或塑料部件更轻、成本更低的专用部件，扩大其在航空航天部件行业的影响力。通过与飞机制造商皮拉图斯的联合项目，AAT 将成为 Pilatus 全球供应链的第一级供应商，制造的零部件将通过 Pilatus 瑞士和 Pilatus 集团其他子公司出口到全球。AAT 越来越先进的复合材料设计能力也将为空中客车（Airbus）、波音和其他领先的飞机基础设备制造商打开大门。

（5）劳斯莱斯与南非航空技术公司的合作伙伴关系

劳斯莱斯将从南非航空技术公司采购民用航空发动机的租赁、储存和机翼服务。这将使南非航空技术公司获得劳斯莱斯的技能和认证，为劳斯莱斯在非洲的客户提供服务。它还将为南非航空技术公司提供额外的装备，为其他发动机制造商、航空公司和企业运营商提供此类服务。

（6）空中客车与 Cobham Satcom 的工作

空中客车公司与南非制造商 Cobham Satcom 签订了一份合同，使后者成为 A320 Neo 和 A330 Neo 飞机的软件包供应商。该软件包由增强型低增益天线、多通道高功率放大器和紧凑型卫星数据单元配置模块组成。该系统的认证将于 2017 年开始，预计将于 2019 年被安装在飞机平台上。

（7）华为技术创新实验室

南非与华为达成协议，在南非建立一个联合创新中心。该中心将与全球其他华为中心合作，专注于为南非国内和国际市场开发技术和软件模块，包括 4.5G/5G 在手机行业的应用、智能家居解决方案（家庭管理和商业通信系统）、移动支付技术和高端智能手机应用平台。华为估计将投资约 12 亿兰特，建成后将有能力在七年内创造约 50 亿兰特的收入，其中 60% 将来自出口市场。

（8）生物识别装置的国内设计与制造

惠普为了履行其 NIPP 义务，向南非一家名为 IDECO 的公司投资了 3000 万兰特，以设计和制造一种生物识别设备，该设备包括个人电脑、照相机、扫描仪和指纹阅读器。该设备专门为选民登记、选举管理和安全服务而设计，面向国内和出口市场。由于其具有多用途功能（登记、投票、交易），该设备非常适合在偏远地区操作。

（二）产业融资

南非的产业融资激励计划（IPAP）认识到，要在竞争激烈的全球环境中吸引投资，南非需要在可行性、成本、条款和条件方面具有竞争力。

IPAP 是南非工业政策的一部分，旨在为企业在南非制造产品、创新和创造就业机会提供最佳条件。南非制造商正面临国际竞争对手，这些竞争对手从精心安排的国家制造战略中获益，这些战略通常包括：为生产性资产采购提供财政支持（以赠款和税收激励的形式），制订研究和技能发展计划，对基础设施开发的支持。

虽然南非认识到这种干预的重要性已有一段时间，但现在需要确立更有针对性、更协调和更可持续的国家发展重点，以确保政策具有适当的针对性和灵活性，帮助制造商参与全球竞争并确保获利，鼓励经济重新工业化。这里的关键问题是在给予激励支持的地方必须施加相应的条件。

许多制造商已采取措施，将历史上处于不利地位的个人纳入公司管理，并对其进行采购等技能培训。自 2017 年以来，供应商的开发要求已落实到位，促进新供应商进入已成型的供应链。包括黑人实业家在内的制造商已经开始接触世界各地的一系列新市场。辅助公司通常会保留（有些还会增加）其核心员工。工业园区正在各个乡镇进行翻新和升级，以合理的价格为国内企业家提供最先进的设施。

产业融资激励计划的另一个关键驱动因素是促进制造业中的公共私营伙伴关系，需要有更好的公共和私营部门资金组合，这一次的重点是在财政有限的情况下支持制造业的发展和多样化。

（三）贸易发展策略

1. 技术基础设施

南非的技术基础设施机构一直在寻求吸取国家、地区以及国际方面的专业知识，为共同监管和更广泛的发展挑战提供解决方案。南非在国际标准化组织（ISO）、国际电工委员会（IEC）、国际计量局（BIPM）、国际法定计量组织（OIML）、国际实验室认可合作组织（ILAC）、国际认证论坛（IAF）等机构中的成员资格，证明了南非在国际网络中发挥着重要作用，这些机构覆盖了全球 96% 的人口。

南非的技术基础设施机构包括四个相互关联的机构：南非国家认证系统（SANAS）、国家强制性规范监管机构（NRCS）、南非标准局（SABS）和南非国家计量研究所（NMISA），这四个机构均已通过立法授权。这些机构受到了各自国际同行的尊重，这体现在这些机构中的个人目前所担任的领导职务，例如有 NMISA-BIPM 电离辐射咨询委员会主席、SABS-ISO 理事会成员、SANAS-ILAC 财务主管等。这些机构的负责人还在欧洲大陆和区域层面担任各种领导职务。

以 IPAP 为实施计划的国家产业政策框架用术语可称为"自我发现"，这是一个动态的环境，由特定部门研究驱动，并通过工业政策干预加以持续改进。在瞬息万变的商业环境中，经济实体必须跟上技术、贸易和监管领域的最新发展。从技术和战略角度来看，参与技术基础设施活动能使企业、技术专家、行业协会和经济行动者跟上世界快速变化的动态。

国际贸易要求出口国根据最新要求来执行，并遵守不断变化的新规定。为了利用好出口机会，出口国需要坚实的技术基础设施系统以及满足全球最新需求的产品，从而能够快速响应新的国际发展，确保市场准入的便利性。

在国内市场，满足技术要求已成为企业必不可少的因素，因为它能确保产品和服务不会对消费者和环境构成健康和安全方面的风险，并使消费者对企业充满信心。

在国际贸易领域，运作良好的技术基础设施系统至关重要。这一点得到了世界贸易组织的认可，这些系统将其规范和标准建立在国际标准、计量和认证机构制定的规范和标准之上，从而可以减少贸易伙伴之间不必要的贸易技术壁垒。

技术性贸易壁垒阐明了技术基础设施机构的重要作用，是任何贸易协定的主要组成部分。贸易与工业部的技术基础设施业务部门将继续参与此类双边和多边协议的谈判和执行，并且将会优先执行《三方自由贸易协定》和《大陆自由贸易协定》。

从总体政策的角度来看，技术基础设施机构有望支持再工业化和技术密集型生产，这要求在当前低经济增长的现实中集中使用资源。在过去几年中，对基础设施的投资不足，导致产量和能力的严重损失。当前正着手在未来三年内对其设施进行资本重组，以确保技术基础设施对经济的促进作用得到增强。

总的来说，南非技术基础设施政策和机构未来三年可利用的主要机会包括：

● 确保加强技术基础设施实体之间的联系，以支持第一产业和第二产业部门；

● 积极应对优先部门面临的关键制约因素；

● 促进政府、企业和劳动力之间的密切合作和协调；

● 确保提供技术基础设施支持，以鼓励劳动密集型制造业发展；

● 在促进技术基础设施方面发挥主导作用，以更好地服务南部非洲发展共同体区域的新兴产业，使其在国内和国际市场上具有竞争力；

● 建立基于单一认证且适用于非洲内部贸易的衡量系统，发展非洲的优质基础设施，这将有助于许多非洲市场接受认证、检查和测试；

● 积极支持中小型制造企业通过有针对性的技术基础设施干预，创新理念并向可持续业务转型。

技术基础设施政策和机构未来发展的一些挑战主要包括：

● 对新兴产业和其他利益相关者所需的技术基础设施缺乏了解，因此对技术基础设施提供不足；

● 技术基础设施机构为各种监管机构提供服务，因此任何执行法规时的延迟都会对企业生产产生负面影响，目前，南非已经建立了协作论坛来处理该问题；

● 预算问题限制了技术基础设施实体完全履行其职责的能力，对于这些业务领域，正在积极探索替代的融资模式；

● 技术基础设施机构与 IPAP 需要就优先事项进行有效的协调；

● 国内测试能力不足。

2. 南非强化技术基础设施的行动计划

（1）与 IPAP 重新调整优先事项

这是 2017 年 IPAP 承诺的一项行动计划，旨在使技术基础设施建设更加完整地符合总统提出的产业发展计划和 IPAP 的核心要求。该项行动的主要目的是提高优先部门的国内工业生产能力，提高企业对技术法规的遵守程度，间接创造就业机会，重新调整和同步各技术基础设施机构的活动。

（2）汽车产品和零部件

南非国家计量研究所（NMISA）通过校准所需标准来支持大量坐标测量机（CMMs）和其他尺寸测量仪器，为汽车产业提供可追溯性，从而实现零部件制造和最终装配。汽车产业的技术正在发生变化，测量正在从生产周期结束时的质量控制转向生产线的连续检查。此外，通过更多的自动化和机器人测量，也将在质量控制中消除人为误差的影响。NMISA将调整其战略以支持行业中的这些变化。

（3）金属加工、资本和运输设备

为支持汽车产业，南非国家计量研究所提供先进的材料表征服务，这对保证汽车零部件的质量至关重要。汽车工业依赖高分辨率图像分析进行辅助产品开发和质量控制，NMISA必须与其他国际机构的能力基准对齐。

（4）农业和农产品加工价值链的振兴

为了满足行业对与南非和非洲分析测量要求相关的需求，NMISA正在建立一个标准检测设施，该设施的第一个项目是为饲料和食品提供基质标准物质（玉米中的霉菌毒素，花生酱中的黄曲霉毒素等）检测。质量是出口的先决条件，而标准为出口产品提供了至关重要的质量保证。基于此，南非标准局将继续制定标准并提供所需的合格评定服务，而南非国家认证系统将继续保证评定机构技术能力的合格性，以支持食品行业生产安全，提高国内消费和出口的产品质量。

（5）林业、木材、纸张和纸浆以及家具

修订后的标准将支持林业和木材工业，以提高木材的质量。这些产品是支持农业、电信和能源部门关键基础设施的一部分。

（6）塑料、制药、化学品以及化妆品

SABS还响应行业对白色石油产品（即汽油、柴油、喷气燃料、液化石油气、乙醇和生物乙醇）供应链产品规格的需求，以提高供应安全性并确保产品质量。化妆品行业将受益于洗涤剂、皮肤清洁剂的修订标准，该标准正在扩展到包括其他类型的洗涤剂、皮肤清洁剂，以符合不断发展的行业惯例。这些标准的应用将保护消费者免受市场上潜在有害产品的影响。此外，检测能力的提升还将确保传统非洲草药消费者的健康和安全。

（7）服装、纺织品、皮革和鞋类

在服装、纺织品、皮革和鞋类领域，SABS正在制定个人防护服标准，以确保在采矿、电气和石油等危险工业环境中的生产安全。

（8）电子技术和 ICT

SABS 正在通过提供产品的安全要求来制定标准，以支持电气工程和电子制造业。现在指定应用南非国内生产的电缆，符合标准将使该部门能够生产更安全、更高质量的电气或电子电缆。国家电气测试设施（NETFA）的更新将支持电工技术行业的发展。振兴后的电气测试设施还将支持履行监管义务。

保护数字资源对于所有跨不同经济部门的组织都至关重要。标准的修订将使 ICT 行业的服务供应商能够提供已改进的信息安全管理系统，以帮助保护组织的信息资源免受第三方未授权的访问。这些标准还将支持国家网络安全政策框架中正在制定的举措。

（9）推进选矿

材料测量，尤其是金属形态的精确表征和成分分析，是选矿和先进制造的关键部分。NMISA 最近用最先进的表面和结构分析功能（X 射线光电子能谱、X 射线衍射和先进的 3D 电子显微镜）取代了过时的设备。

新设备有助于对金属和纳米材料的成分、形态和结构特性进行精确的表面测量和体积测量。NMISA 标准将有助于燃料电池行业的发展，这对克服南非的电力供应限制至关重要。目前，主要行业利益相关者和政府正在燃料电池技术计划下取得重大进展，以促进国内制造业发展。此外，SABS 于 2017 年 9 月发布了有关燃料电池行业发展的标准。

（10）发展海洋经济

为建立超声校准功能，NMISA 的超声实验室已投资购买仪器。这将使得用于测量水下距离的设备能够被精确校准，并且将与中国和加拿大开展合作项目，以确定水产品标准。

国家强制性规范监管机构将为出口海洋产品货物发放健康证书，以便南非海产品顺利进入国外市场。所有进口产品都需要由原产国主管当局签发健康保证。南非政府将加大对进口海洋产品和罐头肉制品的食品安全控制力度，同时基于标准的支持，继续实施水产养殖发展计划，通过为海水和淡水水产养殖业务提供激励措施来促进海洋经济。目前，南非已经公布了多部水产养殖标准，其他标准也正在制定中。

（11）解决能源挑战，支持绿色产业

可替代能源对于减少对化石燃料来源的依赖至关重要。南非国家计量研究所与国内大学和海外机构合作，正在积极开发用于光伏发电产品的原材料，包括纳米材料、有机光伏和混合材料等。

NMISA 的气体流量实验室正计划建立一个大型气体容量校准设施，以支持天然气经济。但是，这样的设施与当前的 NMISA 基础设施并不兼容，需要新的设计并建造新设施。

同样，计划将风洞纳入新的 NMISA 设施，该设施将提供风速（风速计）校准服务以支持风电场。此外，其他项目包括提高电效率、延长灯具的使用寿命和确保消费者使用照明产品安全的相关标准。

南非标准局通过提供环境管理系统实施的一般原则标准来支持绿色经济，通过在行业中采取有效措施，促进环境可持续发展。测试能力的可用性将进一步支持国内制造商满足与电器能效等级相关的规定。

（12）更新《国家建筑条例和建筑标准法》及其条例

为促进一致性，《国家建筑条例和建筑标准法》（1977 年第 103 号法）在相关的法律中规定：在地方当局管辖范围内建造建筑物；规定建筑标准和与之相关的事项。其基本目标是在可接受的建筑科学实践、良好的工艺和优质材料的基础上确保建筑物的安全，有关该法案的更新目前正在进行必要的议会程序。

（13）关于立法的战略审查

管理四个技术基础设施实体的现行立法于 2006～2008 年颁布。为了维持相关的和迅速发展的南非技术基础设施，2017 年进行了立法审查，以评估现行立法仍然有效的程度，并在适当情况下提供修订建议。

（14）消费者保护举措

目前，已经发布安全标准，以加强对儿童玩具质量和安全的要求。这些标准将成为制定全面的玩具安全强制性规范的基础。

（15）释放中小企业和合作社的潜力

中小型制造企业（SMMEs）开发干预措施主要用于支持 SMMEs 进入正规商业市场。SABS 和就业基金计划共同支持新的 SMMESs 开发优质产品和服务，帮助其实现可持续性和提高营利能力。SABS 在此方面的作用是与政府部门合作，通过开发和提供适当的技术支持计划来实现其 SMMEs 开发任务。

NMISA 正在为 SMMEs 和地区国家计量研究所开发虚拟的基于现实的培训模块。这些模块将在笔记本电脑和智能手机上应用，以便培训 SMMEs 的测量和校准基础知识。

（16）科学和技术的合作研究支持计划

所有级别的研究，无论是基础研究、应用研究还是发展研究，都需要通过测量来衡量进展。NMISA 开展测量研究，为南非建立可比较的测量标准和能力，并支持更广泛的科学研究和发展。NMISA 的材料表征设施拥有非洲最先进的测量设备，积极支持纳米科学及其应用。

2018 年，经修订的国际单位制（SI）将改变七个基本单位中四个的定义，使国家千克（质量的次要标准）成为主要标准，并对质量、电流、温度和物质数量（化学分析）引入新的标准。NMISA 正在为四种计量单位（千克、安培、开尔文和摩尔）制定新的主要标准。

除了与六所国内大学建立了合作项目外，NMISA 已经与德国、英国、中国、印度、巴西、美国和意大利各国的国家计量研究所开展了关于 SI 的跨领域研究项目，并且正在与埃及、肯尼亚、埃塞俄比亚、突尼斯和加纳建立泛非研究项目。

（17）供水和卫生标准支持计划

该计划旨在提高建筑物中水的有效利用率，从而减少南非的总饮用水量。它的引入还将通过严格遵守建筑法规来确保新建筑的用水效率。

南非以多种方式为该地区的水标准和分析做出贡献，例如通过南非标准发展联盟（SADCMET）协调的水质能力测试（PT）计划。来自 19 个非洲国家 70 多个测试领域的实验室目前正在参加该计划，制备水样品并与 15 种营养、毒性元素以及 5 种化合物的参考值进行比较。

（18）区域一体化——合作标准、质量保证、计量和认证

提高非洲技术基础设施活动能力可被视为一项长期的目标，涉及技术基础设施活动的协调与合作、计量和认证以及合格评定服务。在这方面，通过泛非质量基础设施（PAQI）联合委员会，非洲大陆技术基础设施机构之间的合作日益重要。

遵守国际标准、规范和技术法规的能力是区域经济和工业增长潜力的基础，也是工业化努力的先决条件，特别是在计量、标准、认证的合格评

定和合规方面。随着非洲大陆基础设施一体化的扩大，非洲国家集体影响国际技术基础设施标准制定的能力需要加强。非洲区域标准化组织（AR-SO）、非洲电工技术标准化委员会（AFSEC）、非洲区域计量组织（AFRIM-ETS）和非洲认证合作组织（AFRAC）在这方面的关键作用明显需要加强，特别是在支持实施非洲大陆自由贸易区（CFTA）方面。

在非洲市场倾销廉价的、低于标准的制成品，有时会导致国内工业的崩溃，并成为工业发展的主要障碍。因此，执行适当标准进行有效合格评定、市场监督和检查，对于防止不合标准的有害产品涌入非洲市场具有极其重要的意义。

区域贸易是南非经济增长的关键，标准则是市场准入的核心。南非致力于国家发展计划（NDP）和 IPAP 中阐述的非洲发展议程。为此，南非标准局致力于积极参与和支持非洲区域标准化组织和非洲电工技术标准化委员会。这里的关键问题是将统一标准作为增加非洲内部贸易的关键杠杆之一。

南非标准局还将利用其国际标准化组织合格评定委员会（CASCO）主席职位建立区域合规评估平台。同样，NMISA、NRCS、SANAS 和 DTI 在南部非洲发展共同体（简称南共体）内和整个非洲大陆的技术基础设施发展方面发挥着主导作用。通过提高质量和挖掘非洲产品进入出口市场的潜力，能够显著增加国际贸易的机会。2018 年南非是南共体和金砖四国的主席国，因此在 2018 年南非大力支持各种技术基础设施倡议，包括 2018 年 3 月在南非举办年度南共体有关消除技术性贸易壁垒的会议。

（19）关税改革

由于持续存在的高失业率，南非应该有选择地使用关税，并将其对就业的可能影响仔细考虑在内。基于每个工业部门的情况不同，应根据世界贸易组织的规则及南非的工业政策、立法和条例，逐案进行关税调查，争取降低下游增值制造商的投入成本，从而增加制造业就业并提高竞争力。

（20）制止非法经济、海关欺诈、非法进口和不合格产品

南非正在采取与非法经济、海关欺诈、非法进口和不合格产品以及立法框架等问题有关的干预和应对措施。

非法进口的特点是价值低估、虚假申报（原产地和关税）、阶段托运、通过第三国重新登记以及滥用退税和信贷。非法贸易的范围巨大，并且阻

碍了国内经济的增长，同时也威胁社会稳定。持续的非法贸易对南非经济产生了深刻的不利影响。据南非国家安全局（SSA）称，南非经济估计因此每年损失10%的国内生产总值，即每年1780亿兰特流失于非法经济。受此影响最大的行业是：

- 服装和鞋类（包括进口二手服装）；
- 视听（音乐、电影、CD、DVD、软件、塑料、电子技术组件）；
- 汽车（发动机零件、车身板、轮胎、过滤器等）；
- 化学品（杀虫剂、除草剂、杀菌剂、不粘涂料）和药品（用于治疗癌症、艾滋病毒、疟疾、糖尿病、高血压、胆固醇、心血管疾病、肥胖症、传染病的药物）。

非法经济对南非经济增长有重大不利影响，使国家损失了数千个工作岗位，使合法的企业和行业遭遇不公平竞争，侵蚀了企业税基以及扭曲了贸易。

解决海关欺诈问题的反干预措施包括举办重点行业论坛（每年召开两次会议）和轮胎与塑料行业论坛（每季度召开一次会议），而最近成立的海关反诈骗任务组将大大加强机构监督。

（四）非洲一体化和工业发展

过去十年来石油和矿物价格波动使非洲商品资源依赖得到了明显的缓解。如今，非洲各国政府都在关注使国内经济多样化的机制，并正在制定许多新的工业战略，例如，利用提高国产化率来鼓励国内制造业，以及利用贸易政策措施来保护新兴产业。这些趋势也反映在区域经济共同体（REC）层面，即实施区域一体化举措和制定协同工业化战略。

目前，南非正通过三方自由贸易区（TFTA）谈判并最终通过《大陆自由贸易协定》的方式，积极参与区域级别的整合工作。建立贸易壁垒较小的更大区域市场也被视为释放非洲工业化雄心的关键，这将允许更大规模的经济蓬勃发展，帮助非洲摆脱对资源产品的依赖，并将非洲转变为更多样以及具有先进技术的地区。

南非作为非洲大陆上工业化程度最高的经济体，是促进该地区在南部非洲发展共同体内部（再小一步说，即整个撒哈拉以南非洲地区）工业化的关键角色。其先进的资本市场、大型企业、历史悠久的金融机构以及其工业和工程能力有可能在提升该地区工业化程度方面发挥关键作用。作为一个有贡献的成员国，南非在制定南共体工业化战略和行动计划——一项雄心勃勃的计划——方面发挥了重要作用，旨在激活区域价值链并加强关键的扶持机构。

现在的挑战是要更好地与领先的私营部门参与者密切合作，并迅速进入实施阶段。2017年，在南非举行的南共体首脑会议主题"与私营部门合作发展工业和区域价值链"即表达了这一点。然而，真正的考验将是成员国是否能够创造必要的条件，以吸引大规模的私营部门投资国内、区域和国际层面的生产活动。

这些"必要条件"包括：

- 支持基础设施建设和解决边界问题；
- 发展适当的工业技能；
- 增强研发能力；
- 深化价值链（尤其是农业、采矿和制药业）；
- 发展中小型制造企业（SMMEs）和国内企业集群。

南部非洲发展共同体秘书处正在推出优先考虑关键干预措施的详细实施计划。成员国接受这些项目和方案的整个过程是以需求为主导的，这样更加灵活且可以根据每个成员国的需求进行定制。通过在2016年建立的一个新的运输、贸易和投资体系，南非正准备发挥其许多区域邻国所期待的战略作用。

南非与周边国家双边和多边层面的关系正在得到加强。在支持基础设施建设和生产活动方面，南非正在分析投资机会并确定优先顺序。政府部门之间加强了协调与合作措施，引领南非私营部门参与者、国有企业和周边发展中国家，并且已经开始在实施一致的举措。

目前，南非对非洲其他国家的出口额超过3000亿兰特，占南非商品出口总额的26.2%，略低于对亚洲的出口额。然而，显著不同的是，对非洲的出口中制成品和中间产品占比很高（超过50%）。可以说非洲地区是南非最重要的区域市场。

然而，在区域贸易中，南非进口产品（略高于100亿美元）主要由原料特别是石油产品组成。这导致许多国家越来越担心，南非进口产品对当地小型和微型企业造成不利影响，这些企业正被挤出其国内市场，而南非大型企业在技能和当地建设方面几乎没有投资。

因此，南非企业必须从直接的贸易方式转变为投资当地生产，或者至少与当地企业建立合资企业。南非政府及其国有企业和国际金融机构必须发挥更为协调的发展作用：一个长期性的、顺序适当的、关键性的、能够"聚集"国内和国外投资者的角色。

有鉴于此，DTI越来越强调南非公司应在非洲市场确立更为永久的地位，并确定长期投资和互利发展的双赢目标。南非的关键机会在于农业和农产品加工，南非在该产业的整个价值链中拥有强大的能力。此外，南非在特定的采矿和制造业价值链方面也极具优势。

除了增加产品贸易的直接机会（其中许多是通过南非零售商和服务业促进的），还需要一种新的、更具发展性的办法，使南非公司（通过公私伙伴关系）在投资生产能力方面发挥更协调的作用。这可能需要在采矿业、农业和林业中释放未开发的自然资源和闲置资产，或通过对整个区域的制造业进行直接投资。

如图1-16所示，2008～2014年，对非洲其他地区的出口总额占南非出口总额的比例大幅上升，但随后相对于其他出口目的地（尤其是亚洲）出口额一直在下降。这既可以解释为南非一些主要非洲贸易伙伴受经济危机影响进口额下降，也可以解释为主要矿物大宗商品价格的稳步上升提高

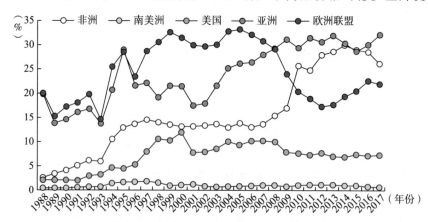

图1-16　1988～2017年南非对世界各地区的出口份额

资料来源：IPAP2018。

了其对亚洲出口的份额。

如图 1 – 17 所示，南非最重要的非洲出口市场是博茨瓦纳和纳米比亚，它们是南部非洲关税同盟（SACU）的成员，其次是莫桑比克、赞比亚和津巴布韦。这些国家总共占了南非对非洲出口总额的近 65%。所有这些市场（纳米比亚除外）仍严重依赖农业产品或矿产品。

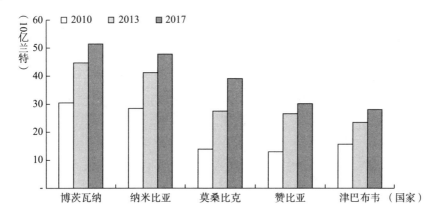

图 1 – 17 南非在非洲地区重要出口市场分布

资料来源：IPAP2018。

图 1 – 18 显示了南部非洲发展共同体（SADC）作为区域集团相对于其他集团重要性的急剧上升。未来的问题是这种趋势是否会持续下去，或者是机遇已经饱和，以及其他集团是否可以找到更好的发展前景？面临的挑

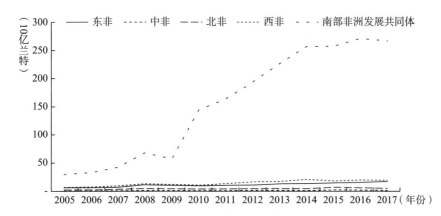

图 1 – 18 2005～2017 年南非对 SADC 与非洲其他地区的出口份额

资料来源：IPAP2018。

战是，尽管对南部非洲发展共同体国家的出口仍在增加，但资本品等若干领域的市场份额正在下降，特别是来自亚洲国家的竞争日益激烈。图 1 – 19 反映了流入南非的主要产品。

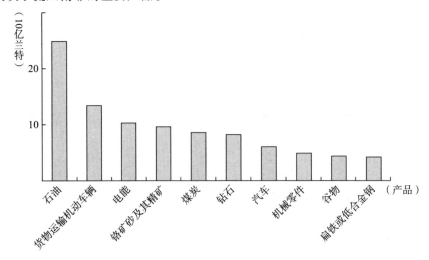

图 1 – 19　2017 年南非从非洲其他地区进口的主要产品
资料来源：IPAP2018。

贸易与工业部现在正在加强其与当地行业参与者合作的能力，鼓励他们提高在非洲大陆的投资份额，并酌情在当地建立长期的生产性项目投资（见图 1 – 20）。近年来投资增长速度的放缓表明在这方面仍有许多工作要做。

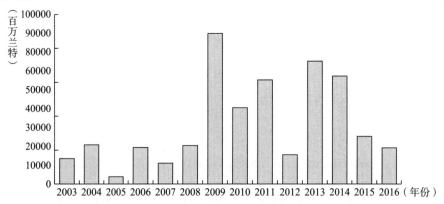

图 1 – 20　2003 ~ 2016 年南非对非洲大陆的投资（按年度总值计算）
资料来源：IPAP2018。

因此，技术创新局（TIA）将越来越关注以投资为主导的战略，主要是积极地与南非企业合作并促进区域和非洲大陆的投资者参与协作。更具体地说，DTI 更专注于确定有限的战略和长期发展的"大型机会"。其成功将取决于政府部门举措的一致性、与优先成员国双边关系的深化、对领先企业的战略支持、南非金融产品的"包装"以及促进必要的基础设施等。

图 1−21 显示了南非对非洲大陆投资的行业份额。

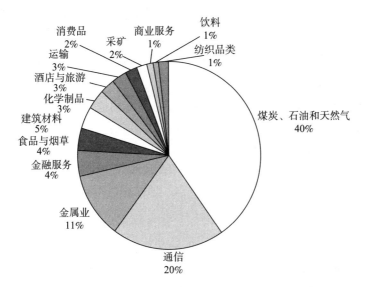

图 1−21　2003～2016 年南非对非洲大陆的投资份额（按行业）
资料来源：IPAP2018。

以与领先的并具有全球竞争力的公司合作为契机，DTI 将关注一些关键领域，在这背后可以开发出大量的基础设施建设和供应商品的机会。南非在采矿和商业、农业方面的竞争优势尚未在非洲大陆得到充分利用，今后这将成为该战略的核心焦点；煤炭、石油和天然气部门以及港口、铁路、水网和能源分配的基础设施服务将排在其次的位置。非洲汽车部门在肯尼亚和尼日利亚等重要枢纽的发展开辟了一个潜在合作的重要领域；而另一个需要探索的领域是建立材料和服务的生产中心。此外，南非还在围绕协调制药标准开展工作，以开放规模经济，促进区域药品生产。

（五）经济特区（SEZs）

事实证明，经济特区是推动发展中经济体工业化的有效政策工具。从实质上说，经济特区计划支撑了中国大部分制造能力，使得它成为一个极具竞争力的增值产品净出口国。凭借七大经济特区，中国能够在很长一段时间内保持贸易盈余。此外，经济特区方案为创造就业机会做出了巨大贡献。一些非洲国家也出现了类似的趋势，埃塞俄比亚、肯尼亚、赞比亚、博茨瓦纳和尼日利亚都已开始制定和实施有利于工业化的政策方案。

考虑到国际趋势，南非政府同样也在寻求采用经济特区政策工具，这主要出于以下既定目标：

- 促进在 IPAP 和 NDP 框架内掌握目标工业的能力；
- 促进国内矿产和其他自然资源的选矿和增值；
- 开发支持目标工业活动发展所需的世界级基础设施；
- 吸引外国和国内直接投资；
- 加速经济增长和创造急需的就业机会。

在过去几年中，该计划的工作重点是设计一套涉及规划、开发和管理区域的有效监管框架，其中包括为指定区域内的合格投资引入激励措施，并进行可行性研究，以确定拟议新区域长期经济的可行性。

目前经济特区计划的工作主要集中在以下几个方面：划定新的经济特区、制定相应法律、促进投资和营销、发展基础设施、发展机构、能力建设、利益相关者管理。

（1）经济特区的划定

划定一个区域作为经济特区，并授权申请人开发该区域。详细流程包括正式评估划定申请、确定经济上可行的区域以及在该国特定地区授权发展特别经济区。该申请包括可行性研究、环境授权、土地审批、商业计划、招商引资战略以及各关键利益相关方的承诺。

根据经济特区立法，指定一个地区为经济特区的权力属于贸易和工业部部长。然而，部长需要从经济特区咨询委员会获得建议，与财政部部长协商，并寻求内阁同意。该行动计划的目标结果包括：

- 确定和批准影响大、经济上可行的经济特区项目；

- 进行开发和适当管理，吸引外国和国内直接投资；
- 建立目标行业，以及发展新的工业中心。

（2）机构和能力发展

与经济特区发展有关的一个突出挑战是政府能力。国际经验表明，特区方案的成功取决于政府执行机构规划、设计、开发、管理和运营特区的能力。因此，持续的机构建设和能力建设对于任何经济特区方案的成功都是必要的。

有鉴于此，南非政府（通过贸易与工业部）与中国签订了一项为期五年的协议，以期提供一个平台，分享中国宝贵的经济特区经验，从而更好地为南非的决策者、实践者和运营商提供所需的规划、技术、管理和操作技能。迄今为止，已有 120 名来自南非国家和省级政府部门以及省级发展机构的代表受益于汉语培训计划，从而为南非经济特区发展提供更多的技能和专业知识，以促进经济特区的规划、设计、开发和管理。

（3）经济特区营销计划

经济特区的营销和推广是经济特区发展的关键要素之一，这有助于促进南非经济特区在国内和国际上获得更多的商业机会。经济特区的营销和推广是通过与内部和外部利益相关者［如国际服务贸易协定（TISA）、工业标准体系结构（ISA）、国际贸易与经济发展组织（ITED）、大使馆、外国直接投资商和指定经济特区］构建战略伙伴关系来实施的。与投资者就经济特区的投资机会和激励措施进行明确沟通，对于经济特区的成功至关重要。这需要明确投资机会、明确策略和计划，以吸引国内外目标投资者。

（六）创新与科技

1. 通过国家知识产权管理办公室（NIPMO）保护知识产权

NIPMO 是根据《公共资助研究与发展法案》（知识产权法案，2008 年第 51 号）中有关知识产权的法案成立的。这项立法是确保为公共资助的研究和开发产生的知识产权（IP）被识别、保护、利用和商业化，以造福南非人民，并不受社会经济或其他方面影响（见图 1 - 22）。

南非要确保高等教育机构和科学理事会可以通过各种关键指标对开发的新技术进行跟踪：

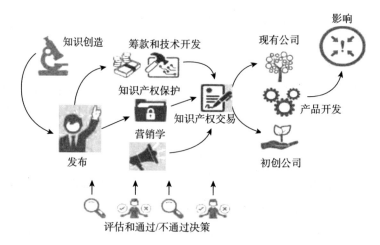

图 1 - 22　从研究机构向现有公司转移技术或成立初创企业的途径
资料来源：IPAP2018。

● 2008～2014 年，研究人员向技术转让办公室提交的新知识产权数量有所增加（见图 1 - 23）；

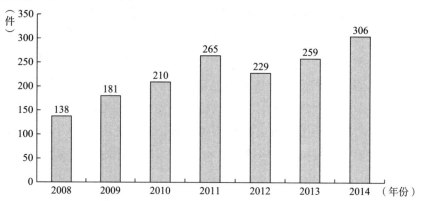

图 1 - 23　2008～2014 年研究人员向技术转让办公室提交的新知识产权数量
资料来源：IPAP2018。

● 2008～2014 年各机构提交的专利申请数量增长速度超过了研究支出的增长速度（见图 1 - 24）；

● 与现有公司或初创公司签订使用知识产权的许可协议见图 1 - 25。此外，在此期间成立了 45 家初创公司以将机构的技术商业化，其中 73% 是基于公共资助的知识产权，从 2010 年到 2014 年，来自高等教育机构的创业公

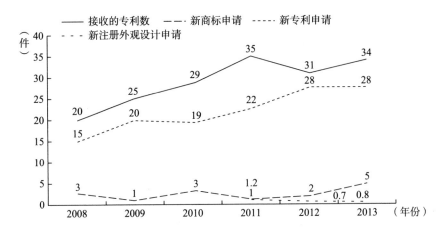

图 1 - 24 研究支出每 10 亿兰特增加新专利申请的数量
资料来源：IPAP2018。

司的全日制等效（FTE）总数增长了 29% ，从 238 增加到 308；

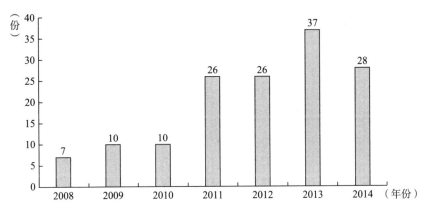

图 1 - 25 2008 ~ 2014 年签订的使用知识产权许可协议
资料来源：IPAP2018。

● 使用其知识产权，为机构带来的收入平均每年 3290 万兰特，重要的是，每年有超过 88% 的收入累积到拥有完善技术的专题信托基金（TTFs）的四个机构。大多数知识产权交易每年的收益低于 10 万兰特。

2. 科学和技术

（1）现状分析

南非国家创新体系（NSI）的格局在过去十年中得到了发展，在此期间建立了许多新的机构。

自 1996 年通过《科学和技术》白皮书以来，南非的科技创新环境发生了重大转变，需要提供最新的政策回应。目前正在制定计划于 2018～2019 财政年度完成的《科学、技术和创新》白皮书，旨在实现以下目标：

- 根据过去二十年来对国家统计机构的进展情况进行评估，保留并加强正在取得良好成果的政策方法，并在必要时采用新方法；
- 应对风险并使南非能够从大趋势中获益，例如城市化、环境改善、日益重要的数字技术和信息通信技术以及数字工业革命；
- 制定战略以确保国家创新体系变得更具包容性。

鉴于认识到改善创新绩效主要取决于伙伴关系，白皮书旨在促进国家各级创新生态系统的发展，并有目的地将企业和社会组织纳入科技和创新优先事项，以及更加注重与非洲其他国家科技创新方案和企业家的联系。

为了改善国家创新机构的运作并充分实现科技创新的作用，白皮书还提出了改善政府和国家创新机构对科技与创新计划进行协调和治理的机制。例如，白皮书提出了一种"整体政府"的创新政策方法（协调政府激励创新的政策）。

改善国家创新机构运作的基础是需要在知识创造方面取得进展，促进知识的快速传播，夯实人力资本基础（技术和学术领域），以及支持有可能成为技术型专家的企业家。

除了制定满足这些需求的措施之外，白皮书还强调通过利用公共资助的知识产权实现进一步的经济转型，以发展技术型企业。为了使创新和企业家精神在整个南非社会得到普及，白皮书强调要扩大公众参与科学计划等。

当前南非国家创新机构资金不足，商业信心和财政状况都不利于增加对科技创新的投资。因此，白皮书优先考虑吸引更多投资的机制。例如，由财政部和政府其他部门组织支持科技创新的投资框架，选择技术重点领域，吸引私营部门投资。

（2）科技创新与经济增长：政策背景与协调

增加知识生产必须关注人力资源问题。知识工作者人数的增加是确保获得更多新技术知识、增加开发新技术机会以及持续提升工业竞争力的关键因素之一。

增强知识生产能力对于提高整个经济的效率至关重要,因此应大幅增加研发支出总额(GERD)占国内生产总值的百分比。但正如图1-26所示,这一数字显示的变化幅度很小。

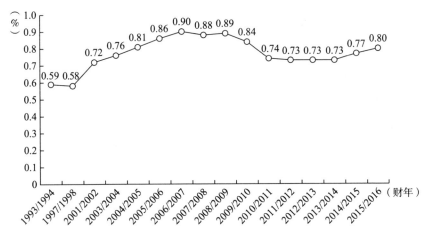

图1-26 GERD占GDP的百分比

资料来源:IPAP2018。

各部门研发业务支出趋势如图1-27所示。

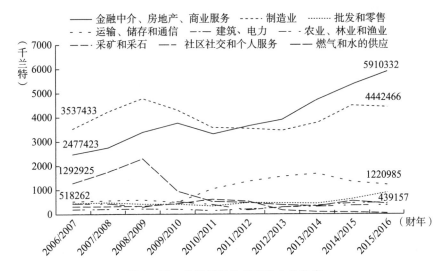

图1-27 按部门划分的研发业务支出

资料来源:IPAP2018。

为了进一步支持技术的转让、扩散和吸收，南非科技部发起了两年一次的创新桥梁（IB）技术展示和配对活动，旨在促进南非、区域和国际创新者，工业和公私技术开发者以及商业化融资合作伙伴之间的交流和联系。首届 IB 活动于 2015 年举行，这有助于鼓励和加速技术开发机构在南非研究和开发，并将开发的知识和技术进行商业化应用。当时，来自 37 个公共资助机构的 90 多项创新成果参展，其中包括来自南非顶级研究和技术开发机构的最新技术，包括 16 所大学、14 家 TIA 支持的公司、6 个科学委员会和南非国家航天局（SANSA）。700 多名与会者参加了此次活动，其中包括 331 家大型公司和中小企业的 78 位技术与金融专家、来自其他国家的 121 名代表、24 名国际参与者和 199 个研究组织。总体而言，2015 年 IB 的成果包括以合伙人和融资协议形式达成的 227 个新合作项目。

第二届全国 IB 活动于 2017 年 9 月 15 日举行，参加人数较第一届增加了 43%（当天登记的参加人数超过 1070 人）。此次活动还增加了许多参展商，共有 69 家参展商展示了 170 多项创新产品（2015 年有 37 家参展商和 92 项创新产品）。

南非科技部为创造有利环境以刺激技术转让和传播而不断努力，2017 年 9 月在 IB 活动上推出了创新桥门户网站（IBP）（www. innovationbridge. info）。IBP 作为一个在线平台，鼓励行业、学术界和政府之间进行更多的互动，是 IB 活动技术展示和促成合作的补充举措。由此，IBP 有效地实现了：

● 在国内和国际营销南非技术创新能力和产品；

● 促进为在科技创新机构工作的研究人员、技术开发人员和技术企业家提供资金和支持；

● 促进研究人员、技术开发人员、企业家、相关金融家和支持实体之间的精准匹配。

2015 年，DST 最终确定将商业化框架（CF）作为其商业化行动的总体内部政策指南。2017 年，该部门制定并最终确定了 CF 实施协议，作为支持 CF 方法实施的指南。具体而言，该实施协议的目的是系统地收集相关资料，以支持研发投资决策和实现其商业化。现在可以使用这些协议来协助和支持合作伙伴和利益相关者在国家创新体系技术项目管理和商业化方面进行决策，这是通过系统实施风险缓解的标准来实现这一目标，包括：

● 采用投资组合管理方法仔细管理，以平衡项目高风险、高回报（激进创新）与低风险、低回报（渐进式创新）；

● 在整个部门实施项目管理实践，以确保及早发现并解决高风险问题，建立商业化伙伴关系并使市场风险得到很好的控制。

CF 实施协议将与商业化协作论坛（CCF）共享实施协议并在适当时使其制度化。CCF 于 2014 年由 DST 与 NSI 的合作伙伴组织共同发起，作为公共资助的技术开发和商业化资金支持的组织，CCF 直接或间接地为国家技术商业化价值链做出贡献，旨在实现信息共享并加强涉及技术开发和商业化的各政府部门和实体之间的联系。最终，CCF 的目标是建立有效的跨部门商业化合作战略伙伴关系，以优化政府在技术开发和商业化方面的支出，并减少任何不必要的重复的商业化融资工作。为了实现这一目标，预计 CCF 将在 2018 ~ 2019 财政年度正式运行，由政府相关部门的总干事和其他实体［包括 DST、TIA、DTI、经济发展部（EDD）、小企业发展部（DSBD）、小企业发展局（SEDA）和南非工业发展公司（IDC）等］负责人提名的代表将在 CCF 任职。

主权创新基金的设立在 2015 年 7 月获得批准，并被列为九点计划下的 DST 行动项目。2016 年和 2017 年，DST 与许多政府部门和利益相关者进行了接触，包括财政部（NT）、DTI、EDD 和 DSBD。这是为了确定建立主权创新基金的最适当模式和伙伴关系，有效地获取南非的技术创新成果并将其商业化，并在国内和国际市场上推广。自 2019 ~ 2020 财政年度开始，NT 每年拨款 13 亿元美元，为创新和中小企业提供支持。

最有效的需求方创新工具之一仍然是公共采购。DST 实施了技术国产化计划（TLP），以支持政府提高与公共采购相关的国内生产水平。

TLP 向企业和部门提供技术支持，以提高它们的竞争力和资格，并确保与公共采购有关的产品的安全，采购合同可以直接与国有企业签订，也可以与获得国有企业主要合同的国际原始设备制造商（OEM）签订。该计划由南非科学和工业研究委员会（CSIR）主办的技术国产化实施小组实施，取得了巨大成功。该计划迄今为止所取得的成功使人们认识到需要进一步扩大其实施的规模，以增加国内生产，特别是在采矿设备制造业。

TLP 干预基于以下几种工具：

● 企业级技术援助包（FTAPs），确保第三方（例如大学或科学理事会）向经批准的公司提供技术援助，如技能、设备、设计、制造系统等，以新的或改进的流程、产品和技能提高该公司的竞争力；

● 全行业技术援助包（SWTAP），其为同一行业的一系列公司提供技术援助；

● 技术开发补助金，这些补助金为国内成熟技术提供资金，这些技术可能用于国内采购；

● 体验式培训计划，这使参与职业技能培训的学生能够完成实践培训，从而完成他们的资格认证；

● 企业标杆，这是评估企业的管理和技术能力，以确定发展领域并传递知识。目前，该数据库中有5800多家南非制造企业的概况，其中800多家企业已进行了基准测试。持续维护和扩展数据库的目的是促进形成新的供应链关系。对于新的 OEM 子系统提供商（可能已在南非签订新合同）以及尚未纳入供应链的现有（尤其是小型）公司而言，这是一项基本要求。

（3）关键行动计划

其一，采用国内开发技术的战略。

当相关技术被市场或社会所吸收时，就可以实现研究和技术开发的社会经济影响。2016年8月，政府确定了加强国内开发技术的必要性，因此在 DTI 的支持下，要求 DST 制定在国内推广开发技术的战略。通过对可用技术的审查以及对这些技术使用机会的评估，政府确定了三个最初的有潜力领域，即国防和安全技术、社会基础设施技术以及卫生技术。政府希望更广泛地推进国内开发的技术，并加速创造成功的产品、流程和服务，从而带来有益的社会和经济影响。

第一阶段（2016～2019年），将重点确定 DST 及其实体投资产生的技术机会，推广已完成或将要完成的国内开发技术。

在推进这些短期机会的同时，DST 与 DTI、EDD 合作，制定出更详细的战略，其中将包括研究诸如加速国内开发技术商业化所需的措施，以及与私营部门就新机会（例如采矿行业所确定的采矿技术和设备）进行接触。迄今为止，进展主要集中在与主要机构进行磋商、确定战略的概念化要素并提高对整体战略的认识。此外，内阁批准的做法是，主要重点将放在政府采购上，而不是与私营部门的伙伴关系上，尽管这并不妨碍私营部门参与该方案。

其二，应对数字工业革命的科学、技术和创新行动计划。

数字工业革命（DIR）被认为可能在许多领域，尤其是就业领域产生深刻的颠覆性影响。新兴产业存在经济机会，但其创造的就业机会减少，并且这些工作需要掌握先进的技能。此外，人工智能和机器人等技术可能会扰乱或减少服务部门和劳动密集型行业的许多工作岗位。数字化的发展还需要更多地关注网络安全、隐私和数据安全等相关风险。

南非当然不是孤立存在的，而是存在于社交媒体、区块链和网络设备超链接的世界中。因此，它必须积极准备和回应利用 DIR 带来的社会和经济变化，并减轻可能的负面后果。经济学家和历史学家普遍承认，长期经济增长主要取决于生产率增长，而生产率增长又是由科学、技术和知识能力所产生的技术变革驱动的。鉴于发展这些能力的必要性，DST 将根据 DIR 制订全面的基于科学、技术和创新（STI）的长期行动计划，在 DIR 和 DST 的十年计划中解决社会经济发展问题。

其三，技术国产化计划。

技术国产化计划旨在通过在公司和部门层面提供量身定制的技术援助，提高国内公司的生产能力和竞争力，从而提高国内生产水平。除了在公共采购的基础上增加国内生产（意味着保留或增加就业机会和减少进口）的预期结果外，技术国产化方法也适用于非公共采购领域，如采矿设备制造。通过这一行动，有望结束南非关于优化技术国产化计划的跨部门讨论，从而实现单一的、协调的计划，提高国内生产水平。同时，在面向一些发达国家的公共采购合同中，也要表达进行创新的技术需求，这将有助于向市场推出新产品或新服务，并提高国内企业的全球竞争力。

3. 南非科学和工业研究委员会（CSIR）和创新主导的工业发展

（1）现状分析

创新在推动经济竞争力方面的作用已经是众所周知了，南非主要机构和部门正在探索通过科学技术提高南非经济竞争力的机会。对科学、技术和创新的投资有可能通过以下方面促进经济增长：创建新公司和提高现有公司的竞争力；增加出口和减少进口；降低准入门槛，为黑人和女性企业家创造机会。

CSIR 特别要求该委员会通过有针对性的多学科研究和技术创新，来促进工业和科学发展，以改善南非人的生活质量。该委员会在制定扩大工业发展重点的战略方面投入了大量资金。这些战略旨在通过科学、工程和技术的进步，同时利用南非的矿产和其他自然资源财富，来确定南非可以发挥竞争优势的部门和价值链。制定这些战略时考虑到了领导数字革命的国家（例如德国、英国、澳大利亚和美国）的经验教训，但其最终目标是利用国内和区域机遇解决南非所面临的独特挑战。

（2）工业发展关键行动计划

其一，在速度和规模上弥合研究、开发和工业应用之间的差距。

CSIR 和国家创新体系正在开发面向行业的转化研究和相关基础设施，以便在速度和规模上弥合研究、开发和工业应用之间的差距。这种方法可直接解决南非缺乏大规模工业研发基础设施以及公共基础设施等问题，为本地化的先进制造业提供更强大的支持。这种方法建立在行业创新合作伙伴计划（IIPF）的基础上，该计划旨在通过提供专业的原型设计、试点和升级基础设施来吸引私营部门投资，将研发成果转化为商业产品。它还扩大了 DST 和 DTI 支持的其他计划的规模，如技术国产化实施单位、航空航天工业支持计划和国家清洁生产中心。

这个计划要取得成功，就必须将其作为国家级别的方案，并在行业参与者（公共和私人机构）、决策者、发展筹资机构和创新合作伙伴（如国内或国外的大学和其他研究机构）的支持下进行。因此，每项举措都将被定位为该部门或部门集群的国家战略。总的来说，转化方案和相关基础设施将侧重以下一些方面：

• 提高南非中小制造企业在航空航天、汽车和国防等高价值制造业供应链中的竞争力，以增加出口并使其在全球高价值制造业中占有越来越大的份额；

• 发展先进材料和添加剂制造业，以推动高价值制造业发展；

• 制定生物处理方案，利用化学、合成生物学和生物技术的进展，将南非的资源优势转化为化学品生产和材料优势；

• 通过药物方案促进国内关键药物的生产，以发展和扩大活性药物成分的生产；

• 继续开展南非采矿研究开发和创新方案下的采矿振兴活动；

• 建立一个农产品加工方案，以扩大国家产品组合，增加农业产品的价值；

• 协助数字工业革命（工业 4.0）方案制度化，使 CSIR 及其 NSI 合作伙伴能够采用先进的生产技术；

• 建立一个联系方案，作为支持国家战略决策的方法，解决自然环境和工业发展活动之间相互作用的有关的问题（例如解决对水、废物利用和能源等自然资源竞争的问题）。

通过上述战略计划，期望能够改善南非的经济表现，以扭转其去工业化趋势，特别要提高中小企业（SMEs）的竞争力，以加强关键经济部门的供应链。对于大型和新兴行业，以下五个交叉主题领域尤为重要：

• 产品创新（包括产品设计的生命周期）；

• 制造工艺（例如成型、连接、加工技术）；

• 制造自动化（包括精密测量和自动化）；

• 制造系统（包括规划、制造、执行和控制、运营管理等）；

• 商业模式创新。

这些举措旨在为南非创建高效的创新生态系统，以帮助南非公司采用并实施数字工业革命技术，这些技术正在深刻地改变公司和国家参与全球竞争的方式，并且在可预见的未来彻底改变国内制造和服务产品的生产方式。即将实施的这些干预措施可能在以下几个方面创造新的机会：

• 采用新的制造技术和方法（物联网、云计算、大数据分析等），以支持竞争性制造平台和支持新技术、新应用、新产品；

• 创造新的产业；

• 形成强有力的行业创新伙伴关系新模式；

• 开发功能性解决方案和技术的快速商业化；

• 劳动力转型和未来技能发展，利用信息通信技术为青年创造就业机会；

• 技术和商业模式创新；

• 研究与开发；

• 为监管和政策制定提供支持的基础设施；

• 根据非洲 Vision 2063，深化非洲大陆的创新合作。

4. 数字工业革命

（1）现状分析

数字工业革命将深刻地影响促进工业发展的努力。这项新技术革命的规模、范围和复杂性将以网络物理系统（CPS）的形式给人类带来全新的体验，其集成了计算机、网络和物理过程。值得一提的是，与之前的工业革命相比，DIR 正在以指数函数的速度发展。

在当前高度不确定的全球经济中，预计 DIR 会对所有经济体产生颠覆性影响。对于南非而言，数字工业革命带来了巨大挑战，可能会使国内经济的发展机会显著减少，典型的挑战包括：

• 目前南非的排名并不理想，在"第四次工业革命的准备"的各种指标上，其在全球排名分别为从第 46 位到第 75 位；

• DIR 的关键已知组件包括物联网、大数据、人工智能、自动化、机器人、新工艺和材料、增材制造（三 D 打印）、物流、营销技术和销售渠道，这些将给南非目前落后或疲软的地区经济带来巨大压力；

• 基础设施（宽带和通信）难以满足数字工业革命的要求；

• 在教育和技能系统中，将需要培养更多技术工作人员，体力劳动力的数量将减少；

• 由于不同部门之间的界限越来越模糊，传统的第一产业和第三产业部门的分离将无法持续。

其他潜在风险和挑战还包括：

• 对发达经济体主要市场的工业过程进行选择性的"重组"，以及对全球价值链的其他结构性变化；

• 零售和服务、采矿和制造业价值链（例如汽车）部分的就业损失，特别是对低技能工人而言；

• 日益严重的不平等；

• "赢家通吃"的结果将导致更高的生产集中度和更高的进入壁垒（虽然中小企业有可能"超越"价值链，但新进入者必须有良好的定位才能开始）；

• 迫切需要制定一套现实的、智能的法规，以适应数字革命将给通信、电子商务、环境等问题带来的挑战。

因此，重新思考公共部门与私营部门合作的整个框架势在必行。低成本、出口导向型产业政策的传统范式已经面临危机。展望未来，并在此基础上制定考虑到 DIR 带来的各种威胁的新战略至关重要。同时，数字工业革命也给南非提供了新的机遇。在此背景下，南非的优势在于它可以获得整个非洲大陆的市场机会，而潜在的优势包括拥有广泛的知识青年基础、快速增长的非洲大陆中产阶级、作为技术供应商进入全球价值链以及中小企业利用新技术的机会。

作为第一步，2017 年，DTI 在工业发展部门内设立了一个新的机构，即未来工业生产和技术（FIP&T）部门，以检查可能的影响并围绕政府的能力来应对 DIR 的挑战。FIP&T 部门通过世界经济论坛研究生产系统的未来，为国际研究做出贡献。该框架包括对国家数字工业革命准备情况和未来技能要求的评估。该部门还通过新成立的数字工业革命国家协调委员会，取得经济集群工业化部门的领先地位。通过行业协会和出口理事会，在 DTI 和制造业部门之间开展合作，增强版的 DTI Intsimbi 计划于 2018 年作为未来生产和技术计划被推出。

南非是国际特殊模具和加工协会（ISTMA）世界委员会的主席（2018～2020 年），该委员会旨在使 ISTMA 的工作与 DIR 生产系统和技术完全一致。利用这一机会，南非工业将建立 ISTMA 非洲论坛，以促进非洲在生产特殊工具和加工领域的发展。

2016 年，南非政府批准了《国家综合信息通信技术政策》白皮书，该白皮书涉及融合技术的发展、数字化，以及南非人如何使用互联网来进行沟通和工作。白皮书认为所有南非公民，无论他们居住在何处或是处于何种社会经济地位，都有权进入和参与数字社会。此外，邮电部（DTPS）制定了一项国家电子政务战略，旨在实现未来公共服务的现代化和转型。以下是一些已经采取或在不久的将来将要采取的重要措施：

●继续与 DST/CSIR 的技术国产化部门（TLIU）以及和 CSIR 的产品生命周期支持计划合作；

●与世界经济论坛和经合组织发展中心合作深化研究，为数字工业革命做准备。

●吸收和利用 2018 年印达巴制造业的经验教训，特别是世界制造论坛、DST 和 DTI 共同主办的数字工业革命研讨会的成果。

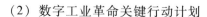

（2）数字工业革命关键行动计划

其一，建立国家协调委员会。

2017 年 8 月，南非政府就数字工业革命进行讨论之后，决定由邮电部（DTPS）负责领导有关 DIR 发展的问题。为了加强政府各部门之间的协调，最终选择了三个政府部门（DTPS、DTI 和 DST）与工业、劳工和民间社会组织协商，并制定了一项综合战略和政策。

其二，Intsimbi 未来生产技术倡议。

2013 年在加拿大多伦多举行的世界工具会议上，国际特殊模具和加工协会公布的统计数据表明，高达 50% 的制造业的成本竞争力受到工具的影响。由于模具开发长期缺乏支持，南非的工业化进程一直受到阻碍，进而导致许多关键产品只能从国外进口。

为了应对这种困境，经过与业界的广泛磋商，DTI 和 TASA 启动了 Intsimbi 国家模具方案，作为陷入困境的南非模具行业的转型战略。NTIP 作为执行机构，负责所有 Intsimbi NTI 计划的促进和管理，NTIP 是南非工具制造协会（TASA）的全资子公司，也负责参与推进合格的项目。该方案的目的是使政府和工业界能够为恢复南非工具、模具制造（TDM）部门而进行合作，采取大规模的干预措施，并着手实施强有力的恢复计划，以促进国内工业的发展，使其能迈入参与国际竞争的轨道。南非工具制造协会与 DTI 之间的合作关系由总体协议备忘录（MOA）管理，并由双方之间的年度服务水平协议支持，主要目标是通过关键技能开发、就业计划创造、技术开发和使用、企业发展和出口来提高模具制造部门的竞争力。目前已经确定了两个主要方案：

● 模具制造技能发展计划；

● 企业发展计划（EDP），侧重竞争力提升、国产化、产出集群和出口发展活动。

这些方案系统地分析已有基础和迄今取得的成功经验，并与高等教育部合作实现磨具制作业的发展，关键目标包括以下内容：

● 为新的工具制造商提供认证的贸易测试中心；

● 对所有符合条件的学生进行工具制造能力测试；

● 在职业技术教育、培训学院和其他培训机构的技能发展计划中融入相关内容并且使其制度化，提高青年人才进入制造业的技术能力；

- 制定合适的筹资模式，以维持当前试点计划的工作；
- 探索计划的扩展，将其架构和综合解决方案扩展到其他先进部门。

三　南非主导产业发展现状

南非自然资源丰富，黄金、钻石生产量均占世界首位，深井采矿等技术居于世界领先地位。目前，矿业、制造业、农业和服务业是南非经济的四大支柱，南非国民经济各部门、地区发展不平衡，城乡、黑白二元经济特征明显。就细分产业而言，南非主导产业为"汽车产业""服装、纺织品、皮革和鞋类产业""金属制造、资本设备和轨道运输设备产业""农产品加工产业""林业、木材、纸浆、造纸和家具产业"等12大产业，具体发展情况如下。

（一）汽车产业发展现状

汽车产业长期以来是南非工业中的重要支柱产业（见表1-5）。面对来自其他国家生产中心的激烈竞争，南非保持了世界级的汽车生产能力，并在与全球原始设备商、零部件制造商和劳工的持续合作中获得了国家的大力支持。截至2017年，该产业计划年产61.1万辆，7家轻型车和400多家汽车零部件公司雇用了约11.3万名员工。此外，如果包括批发、零售贸易和维修等下游活动，估计该行业就业人数高达32.2万人。值得注意的是，由于过去二十年来国家向该行业提供了持续有力的支持，该行业成功地融入了全球市场，并获得了大量的外国直接投资。全球主要汽车制造商——奔驰、丰田、大众、宝马、福特、北汽、五十铃等，在南非进行了约450亿兰特的投资。

表1-5　南非汽车产业作为南非重要支柱产业的关键经济数据

经济指标	2015 年	2016 年
占国内生产总值的百分比（%）	7.5	7.4
对制造业的贡献百分比（%）	33.5	33.0
就业人数（人）	82100	82000

资料来源：IPAP2018。

为持续保持南非在该领域的竞争力，DTI 与汽车公司、零部件供应商及就业和劳工部共同制定了《2020 年汽车总体规划》，以确保南非汽车产业的持续发展，提高相对于其他国家和地区同行的竞争力，扩大其出口，并确保跨部门价值链获得更高水平的授权。这一记录与其他一些国家最近的事态发展形成鲜明对比，产生了经济和就业的乘数效应以及由此产生的技术吸收、新技能和工业能力增强等许多溢出效应。

OEM 的产量在 2016 年收缩 2.2%，但受出口增长支持，2017 年产量同比增长 7.0%，轻型汽车品牌年销量超过 8 万辆，包括丰田、大众、奔驰和福特等各品牌车。按销量计算，南非目前最重要的品牌为大众（Polo）、奔驰 c 级车（Mercedes-Benz C-Class）和丰田海力士（Toyota Hilux/Fortuner）。尽管 OEM 和一级供应商的产量近年来有所增长，但其主要受益于汇率波动，而非对新制造能力的投资，国产化率已保持在 40% 左右，进一步的提升将有一定难度。

汽车产业的主要机会在于汽车及零部件的国内及区域市场开发、目标组件的国产化、通过支持本国供应商实现供应链转型和供应商竞争力提升。该产业的主要挑战在于南非国内市场相对较小，以及南非与其他地区之间的总体竞争力存在差距等。

（二）服装、纺织品、皮革和鞋类产业发展现状

服装、纺织品、皮革和鞋类（CTLF）产业在 20 世纪 90 年代的自由化和重组（导致约 12 万人失业）中遭受重创，过去十年，由于有了足够的投资水平，该产业有潜力创造和维持适当的就业机会，使该行业免于破产，并保持行业稳定增长（见表 1-6）。因此，政府继续支持该产业的发展。

在与所有利益相关者广泛接触之后，2005 年 DTI 签署了纺织品和服装定制行业计划（CSP），2008 年签署了皮革和鞋类定制行业计划。CSP 战略的实施使政府在 2009 年引入了一项与市场无关的服装和纺织品竞争力计划（CTCP），取代了先前的关税信用凭证计划（DCCS）。CTCP 分为生产激励计划（PIP）和竞争力改善计划（CIP）。截至 2017 年 6 月 30 日，PIP 已批准总额 51 亿兰特的资金，其中 42 亿兰特已支付给该行业。截至 2019 年 3 月 31 日，负责建立协作零售集群计划的 CIP 的可用总额为 11.1 亿兰特。由

于纺织品和服装定制行业计划所提供的有条件支援措施，纺织及成衣业现雇用 95000 名工人，占制造业生产总值的 8% 及整体生产总值的 2.9%。在皮革行业，新开了 22 家工厂，提供了 2200 个就业岗位。

表 1-6 南非服装、纺织品、皮革和鞋类产业关键经济数据

经济指标	2015 年	2016 年
占国内生产总值的百分比（%）	3.0	3.0
对制造业的贡献百分比（%）	33.5	33.0
就业人数（人）	148747	140553

资料来源：IPAP2018。

南非建立了两个国家级和八个区域产业集群，为政府、劳工、纺织服装制造商和零售业之间的合作提供了一个平台。这使得时尚产品的市场蓬勃发展。但是，面对迅速演变和充满活力的市场条件、生产力的大幅度提高和全球竞争的不断加剧，没有一项产业政策能一成不变。鉴于此，DTI 最近宣布与所有相关行业参与者开展了一项广泛的合作研究，以提高竞争力、深化国产化和支持整个价值链的就业创造。

2013~2017 年，南非的鞋类制造业以年均 10% 的速度增长，通过进口替代将 2100 万双鞋国产化。2017 年 7 月，全国皮革行业谈判委员会（NB-CLI）记录了该行业就业人数为 21190 人的峰值数字，将就业岗位追回至 2007 年的水平。鞋类制造能力的提高增加了工厂生产的数量，年增加产量超过 100 万双，从 2015 年 14 家公司生产的产品占国内产量的 50%，增加到 2016 年 22 家公司生产的产品占国内产量的 60%。2010~2016 年，皮革和鞋类出口增长 167%，从 19.8 亿兰特增至 52.9 亿兰特。CTCP 支持发展与其他产业集群组织合作的垂直国家零售集群。迄今为止的监测和评估结果表明，CTCP 有效地帮助受益者升级资本设备、工艺、产品和增加就业人员，以及开发新市场。2012 年，根据修订后的《优惠采购政策框架法》（PPP-FA），CTLF 行业被规定必须达到 100% 的国产化率。为了帮助国内制造商通过公共消费市场建立竞争力，南非启动了投标监测系统。

目前面临的主要挑战是 CTCP 缺乏资金，无法让更多公司参与并受益。另一个挑战在于，CTLF 行业的平均国内固定总投资非常低，仅为每年 11.7

亿兰特，除皮革和鞋类外，平均国内固定总投资率为 7.17%。

服装、纺织业的就业趋势表明（如图 1-28 所示），2006 年以来，该行业的就业率一直在下降，但到 2012 年，失业率已趋于稳定。与此同时，皮革和鞋类产业的就业趋势显示（如图 1-29 所示），从 2006 年到 2012 年，该行业的就业人数有所下降，但自 2013 年以来，该行业就业人数已趋于稳定。

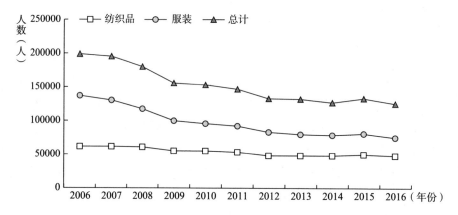

图 1-28 2006~2016 年服装、纺织品行业的正式和非正式就业情况
资料来源：IPAP2018。

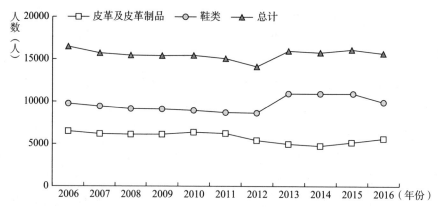

图 1-29 2006~2016 年皮革和鞋类行业的正式和非正式就业情况
资料来源：IPAP2018。

在 CTLF 产业 100% 国产化政策的支持下，CTLF 实际产出增长 4.7%，从图 1-30 可以看出实际产出从 2006 年的 492 亿兰特增长到 2016 年的 515 亿兰特。如图 1-31 所示，从 2006 年至 2016 年，CTLF 实际增加值增长 13.2%。

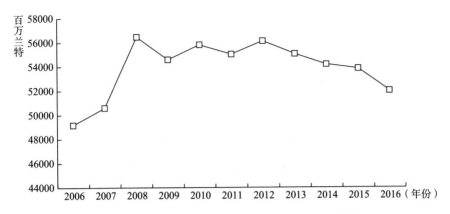

图 1-30 2006~2016 年 CTLF 年度实际产出的增长

资料来源：IPAP2018。

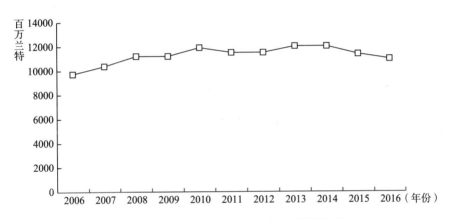

图 1-31 2006~2016 年 CTLF 每年实际增加值

资料来源：IPAP2018。

从 2008 年到 2009 年，服装、纺织品的实际国内固定资本投资大幅下降，但从 2010 年开始稳定（见图 1-32），年边际增长率为 0.29%。从 2010 年至 2016 年，国内皮革、鞋类的实际国内固定资本投资增长 50%，年均增长 7.17%（见图 1-33）。

（三）金属制造、资本设备和轨道运输设备产业发展现状

金属制造、资本设备和轨道运输设备等产业集群包括黑色金属、有色

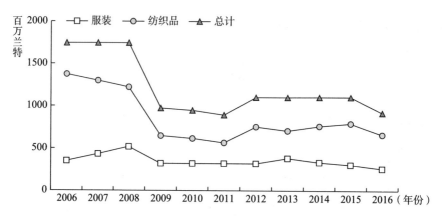

图 1 - 32　2006 ~ 2016 年服装、纺织品实际国内固定投资总额
资料来源：IPAP2018。

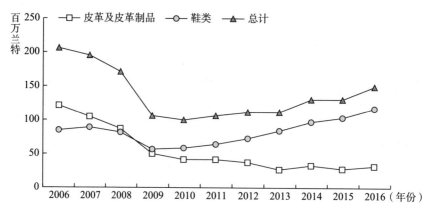

图 1 - 33　2006 ~ 2016 年皮革、鞋类实际国内固定投资总额
资料来源：IPAP2018。

金属、资本设备和铁路运输设备。其关键数据见表 1 - 7。

　　金属制造业分为上游和下游两个产业。上游产业由一级钢铁（碳、不锈钢）平轧产品（盘管、表板、长材、钢筋、线材）和废金属组成。下游产业包括金属制品（例如油管和管道、钢结构、铝型材、线产品、铸件等）。

　　南非有色金属产业主要由铝和铜这两个子产业主导，价值链上有以下产品：

- 初级：铝、铜、黄铜、铅、镍、锡、锌（坯和锭）；
- 中下游：扁平和长形产品、挤压件、铸件和铝箔；

● 贵金属制造及相关下游产业，例如珠宝制造，钻石切割和抛光。

在有色金属产品的制造过程中，从原材料的验证到最终的成品，南非始终能保持高质量标准。

资本设备和相关服务产业被定义为制造和供应部件的中间产业，如材料搬运、环境控制、制造工艺、钻探、挖掘、土方工程和配套设备等，它由提供设计、服务和维修的设备服务行业补充。此外，还包括提供解决方案的建设部分。资本设备的最低使用寿命为三年，不包括消耗品。资本设备主要用于制造业、采矿业和基础设施的开发。

南非轨道运输设备产业已经存在了一百多年，是南非的主要制造业之一。轨道运输设备（RTE）产业包括以下子产业：

● 铁路基础设施子产业：道路、土木工程、供电、信号、工程和咨询服务；

● 轨道车辆子产业：制造和组装用于运送乘客和货物的机车、货车、电动多功能装置和客车。

表 1 - 7　南非金属制造、资本设备和轨道运输设备产业关键经济数据

经济指标	2015 年	2016 年
占国内生产总值的百分比（%）	18.8	18.0
对制造业的贡献百分比（%）	33.5	33.0
就业人数（人）	325251	311404

资料来源：IPAP2018。

铁路资本重组计划以及利用该计划深化地方工业能力，仍然是政府的主要优先事项。今后，将需要对轨道车辆的国产化率进行重大的改进（例如内燃机车达到55%、电力机车达到60%、货车达到80%、电力动车组达到65%）。

虽然有一个明确的政府计划来减少轨道运输设备产业的进口缺口，但随着铁路资本重组计划的实施，零部件和系统的进口缺口仍然普遍存在。同样，尽管龙头、阀门和制动器被指定使用国内产品，但实际上这些产品的进口量仍然很大。

2016 年，金属制造下游产业对制造业就业的贡献率有所下降，只占制造业就业的21.89%（见图1-34）。

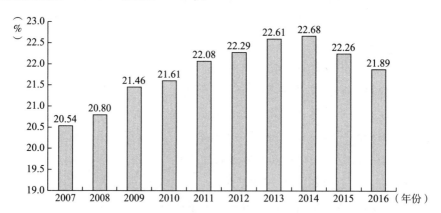

图1-34 2007～2016年金属制造下游产业对制造业就业的贡献
资料来源：IPAP2018。

2016年，金属制造下游产业的贸易逆差有所改善（见图1-35）。然而，该产业在出口市场失去了一些竞争优势。这在钢铁行业尤为突出，全球工业面临产能过剩的挑战。造成贸易逆差的主要因素是电力系统如变压器以及与Eskom建设计划相关的静态转换器和开关设备的进口增长。

当前南非金属制造、资本设备和轨道运输设备产业发展的限制因素主要包括以下几点。

其一，国产化仍存在诸多障碍。

• 采购流程长，国有企业在评标和中标上花费的时间太多；

• 各市对环保法规的解释不一致，影响铸造厂发展的可持续性。

其二，非竞争性投入成本（电力、物流和原材料）过高。

• 不断上涨的电价使企业，尤其是能源消费大户失去了竞争力，严格的环境合规要求进一步加重了低迷的铸造行业的负担；

• 尽管国际贸易管理委员会实施了价格优惠制度，但获取高质量废钢和定价仍是铸造厂面临的严峻挑战，尤其是对小型钢厂而言；

• 公路、铁路和港口基础设施的低效率和高成本继续削弱下游行业的竞争力（这里特别要指出的是，公路和铁路的支线重建方案进展缓慢）。

其三，整个价值链效率较低。

• 低需求导致资本投资不足，致使工厂、机器和设备无法持续升级或更换；

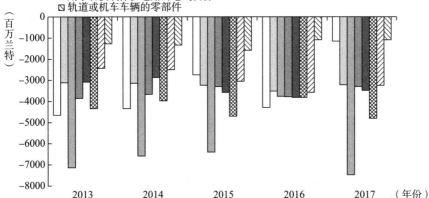

□ 蒸汽轮机和其他蒸汽轮机
□ 空气或真空泵、空气或其他气体压缩机和风扇
■ 自推式推土机、推土机、平地机、平地挖掘机等
■ 具有独立功能的机器和机械设备
■ 水龙头旋塞阀和类似器具，用于管道锅炉的壳、储罐大桶等
☒ 变压器，星形转换器（例如，整流器）和电感器
▨ 用于切换或保护电路的电气设备
▧ 轨道或机车车辆的零部件

图 1 - 35　2013～2017 年金属制造下游产业对贸易逆差的贡献
资料来源：IPAP2018。

● 生产能力和技术能力不稳定且技术往往过时，导致行业在维护国产化率方面失去优势，无法抓住私人和公共资本支出计划所提供的新机会；

● 由于全球和国内需求低迷，产能利用率持续下降，这进一步加剧了价值链的低效。

其四，不平等的交易平台。

● 潜在出口市场的关税和非关税壁垒（发达经济体实施限制性贸易救济措施以保护国内制造商）；

● 一些增值产品尤其是低价值、高产量的制成品面临关税下降的压力，导致进口激增；

● 全球钢铁过剩继续给整个价值链的钢铁价格和需求带来下行压力，从而威胁到下游产业的生存。

在面临上述障碍的同时，金属制造、资本设备和轨道运输设备产业发展也有一些重要机会，主要包括以下几点。

其一，南非基础设施建设计划（包括战略综合项目）在国产化方面的要求，以及有针对性的供应商发展计划，这是刺激该行业发展的最大机会。

其二，对非洲大陆铁路网络和基础设施项目的重大投资将增加机车和货车的需求。此外，非洲联盟指定南非为非洲大陆的铁路中心，为增强南非轨道运输设备产业的制造能力提供了一个关键平台。

其三，南非有机会将铁路车辆供应商整合到全球 OEM 价值链中。

其四，保修期满后，新购买的动车组和机车的维护计划也将提供产业机会。

其五，南非推行的向绿色经济发展的举措，为能源密集型行业实施节能措施提供了机会，并使其更好地符合环境要求。

（四）农产品加工产业发展现状

南非政府已坚定地将农产品加工业及其上游产业视为南非经济包容性增长的关键驱动力，农产品加工产业具有非常显著的创造就业机会的潜力（至少可能产生 100 万个新工作机会）。农产品加工产业已经被认定为在总统"九项计划"中特别重要的产业之一。目前面临的核心问题是捍卫和扩大农业和农业加工价值链，使其成为劳动密集型增长的关键提供者。

自 2009 年以来，DTI 通过各种奖励计划向农产品加工业提供了 12 亿兰特的支持，同时，该产业还受益于跨国公司和国内企业总计约 70 亿兰特的投资。根据"九项计划"，2017 年启动了 10 亿兰特的农业加工支持计划（APSS），旨在进一步提高整个产业的投资和附加值。

南非农产品加工业在上游和下游都有着特别强大的联系。在上游，该产业通过多种农业模式、产品与农业相连；在下游，该产业的产品通过批发和零售连锁店以及各种各样的餐厅、酒吧和快餐连锁店进行销售。农产品加工业是制造业中最大的单一子部门，在过去十五年中，销售和就业增长相对较快（见图 1-36）。

如图 1-36 所示，2007 年整个产业共有 258000 名员工，2016 年增加到288000 人。2008 年后的全球经济衰退、国内劳工动乱以及最近在许多地区持续的严重干旱严重抑制了就业持续增长的潜力。

在过去十年中，该产业投资持续波动如图 1-37 所示，2016 年对农产品加工产业的总投资为 140 亿兰特。然而，该产业迫切需要大量投资于新的机械和技术、产品开发以及安全和质量认证。这与发展战略联盟和伙伴关

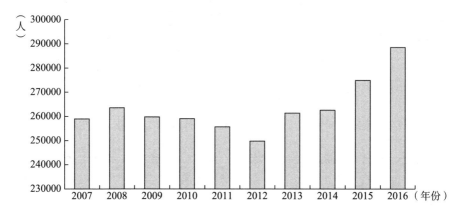

图 1 - 36　2007～2016 年南非农产品加工产业就业人数
资料来源：IPAP2018。

系的需要紧密相关，这些联盟和伙伴关系将有助于国内农产品加工生产商
开拓新市场。

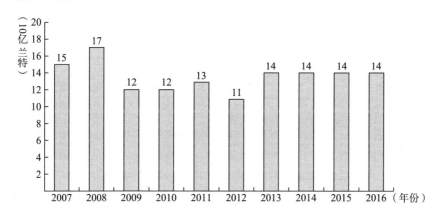

图 1 - 37　南非农产品加工业实际国内固定投资总额
资料来源：IPAP2018。

　　农产品加工业有可能对南非的外贸和总就业产生重大影响。目前农产
品加工业发展的限制因素主要集中在以下几个方面。首先，整个价值链的
高度集中限制了就业创造，并且导致了不必要的高价格。这集中体现为少
数几个大型贸易、制造和零售连锁店占据了行业的主导地位，以及整个价
值链中小生产商和个体经营者的有限增长。其次，农业资源不足，当地的
生产者经常遇到水质差、电力供应不足以及许可证和维修延误等问题。再

次，一些关键投入（特别是种植玉米和大豆）的金额相对较高，造成了投入限制。最后，南非只有有限的土地和水资源可用于扩大作物多样化生产，在这种情况下，区域内的贸易可以提供帮助，但必须使货运更具成本效益。此外，通过扩大节水生产方式可以帮助一些农产品的生产。

（五）林业、木材、纸浆、造纸和家具产业发展现状

林业、木材、纸浆、造纸和家具产业不仅有潜力在南非边缘地区创造更多的就业机会，它也正在成为一个结合生物精炼厂和变革性技术的可持续部门。

以森林为基础的工业不再限于传统的木材加工、家具、纸浆和纸张。通过纳米技术和其他学科进展，它们现在已发展到为服装和纺织、制药和食品加工部门提供原料。

2015 年，该产业对 GDP 的贡献为 712 亿兰特，高于 2010 年的 696 亿兰特（见表 1-8）。该产业对制造业 GDP 的贡献率为 18.7%，对全国 GDP 的贡献率为 2.3%。

表 1-8　林业、木材、纸浆、造纸和家具对国内生产总值的贡献

单位：百万兰特

产业	2010 年	2011 年	2012 年	2013 年	2014 年	2015 年
林业	10838	10965	10943	11076	11420	11102
木材、纸浆、造纸，出版和印刷	31097	31646	32183	32403	32683	32425
家具和其他制造业	27642	27585	28533	28493	28557	27721
总计	69577	70196	71659	71972	72660	71248

资料来源：IPAP2018。

尽管该产业潜力巨大，但在获取原材料、融资和市场方面，尤其是对新进入者而言，仍具有重大的结构性挑战，这些都阻碍了发展。政府正在拟定的区域一体化倡议就是为了改善获得原料和市场的机会。

撒哈拉以南非洲地区拥有高质量的原始森林，如果使用得当，该区域林业价值链将可大幅度增长（见图 1-38）。

木材加工产业由板材制造商和木制品制造商组成。该产业对制造业

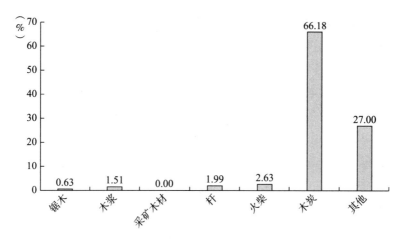

图 1-38　2015~2016 年度原木在制造业中的使用率

资料来源：IPAP2018。

GDP 的贡献约为 140 亿兰特。在先进的木材加工技术方面，特别是在板材制造工业方面，投资量巨大。锯木业是劳动密集型产业，是农村经济的重要组成部分，该行业当前每根原木的恢复率为 49%，而目标是需要至少提高到 55%。在实践中，这意味着锯木业需要在研发和技术上投入更多的资金，既要提高恢复率，也要生产更先进的产品，例如交叉层压木材等工程产品。

图 1-39 显示了 2007 年至 2017 年木材的主要流向是建筑业，这是一个应注意改进产品多样性的领域。

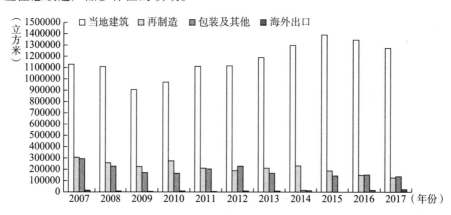

图 1-39　2007~2017 年木材销售主要流向

资料来源：IPAP2018。

由于劳动密集型企业、中小型企业居多，以及从提高出口能力等方面考虑，家具业是南非经济的一个重要部门。目前，该行业约有 26400 名员工，分布在 2200 多家注册制造企业。它对制造业 GDP 的贡献率约为 1%，对制造业就业的贡献率约为 1.1%。

然而，该产业的竞争力水平多年来一直在下降，这是技能缺乏、设备投资减少和研究发展不足造成的。尽管国内制造商的市场份额因进口而有所下降，但 2016 年南非家具出口额为 42.3 亿美元。南非十大出口目的地中有七个是非洲国家，包括纳米比亚、博茨瓦纳、斯威士兰、莱索托、赞比亚、莫桑比克和津巴布韦。2009~2016 年，增长最快的出口产品是弹簧床垫（增长了 60.4%）。

纸浆业对全球经济压力表现出了一定的韧性，并保持了正增长，其净贸易顺差从 2010 年的 52.6 亿兰特升至 2016 年的 107 亿兰特（见图 1-40）。然而，印刷和书写用纸的进口大幅增加，贸易赤字从 2010 年的 26 亿兰特增加到 2016 年的 64 亿兰特。造成贸易顺差的主要是溶解木浆，它占该产业出口总额的 60% 以上。这对经济是积极的，可能有更多的机会在国内对该产品进行进一步加工，这不仅可以创造更多的下游产业，也能减少南非对该下游产品进口的依赖。这些下游产品常用于服装和纺织、生物基产品包装、医疗、食品等领域。

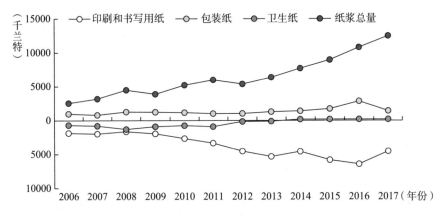

图 1-40　2006~2017 年制造纸浆行业贸易差额

资料来源：IPAP2018。

该产业发展价值链上的关键限制因素主要包括：

• 原材料供应安全性问题；

• 结构性市场准入问题，在某些细分行业（如家具和建筑市场）市场集中度较高；

• 融资和市场渠道不足，竞争力下降；

• 关键基础设施投资不足，建筑环境中木材推广不足；

• 在家具和木材加工产业技能不足、机械老化、研发不足、设计改进或新产品开发不足，监管工具执行不力。

该产业发展的一些机遇，即跨价值链主要包括以下几个关键机会：

• 生物精炼厂和变革性技术领域的持续升级是降低成本和跨所有价值链提供持续产品改进的关键，在林业部门，变革性技术将扩大木材纤维及其许多产品和衍生物的新的用途；

• 非洲作为一个战略市场和多样性市场，拥有大量独特的土著木材资源，需要在区域一级做出协调一致的努力来整合资源和提高加工能力，以便创造价值，例如，在家具领域，市场发展可与区域和国际市场发展挂钩，具有相当大的出口潜力；

• 某些特定价值链具有潜在竞争力，但是需要改善融资渠道，提高效率，加快资本重组，重视技能发展和公共采购支持，简化获得投资的途径将有助于行业扩张，并在边缘化的行业创造就业机会。

表1-9总结了该产业主要价值链的机会。

表1-9 林业、木材、纸浆、造纸和家具产业发展的机会

1 纸浆和造纸	
改善原材料供应	• 重新造林和新造林 • 提高可回收纸张的回收率，以满足本地和全球的需求 • 区域一体化
技能发展	• 增加化学工程师和技术人员的入学人数 • 工匠培训和学徒制
基础设施建设	• 投资靠近种植园的铁路网
开发新的国内市场	• 发展可持续和可再生能源 • 新技术 • 制浆造纸行业的联产提供的机会 • 纳米纤维素应用的新产品开发

扩展到非洲和亚洲市场	• 在人口增长、城市化和生活水平提高的推动下，非洲和亚洲市场对包装纸和纸巾产品的需求增长
2 木材加工	
增强竞争力	• 基础设施升级：公路、铁路和工业 • 提高生产率以提高回收率 • 资本重组——新设备 • 创新和技术
改善原材料供应	• 通过资本重组和有效利用资源来提高回收率 • 区域一体化，促进原材料的可持续供应
开发新市场	• 新产品开发——包装 • 为家具行业生产起重机和板材 • 绿色建筑——利用可再生资源 • 出口促进——出境贸易考察团
技能发展	• 技术技能发展方案 • 小型锯木厂的业务管理技能发展 • 集群和枢纽发展机会
3 家具制造业	
提高竞争力	• 通过资本重组和创新提高生产力 • 技能发展：提高设计技能，利用工具，开展学徒计划 • 工业基础设施发展：家具制造中心 • 资本重组和设计技能
开发市场	• 部门内集群发展 • 耐用产品的低收入市场开发 • 高收入市场开发：独特的高质量利基市场 • 出口市场：发展区域市场，保持现有全球市场的份额 • 学校和办公室家具市场
改善融资渠道	• 使小公司有能力获得资金、私营部门协助提供资金 • 集群发展
监管	• 执行《优惠采购政策框架法》的规定 • 通过《消费者保护法》，提高对高质量产品的认识

资料来源：IPAP2018。

（六）塑料及化妆品产业发展现状

塑料产业是经济发展的一个重要组成部分，生产在整个经济中使用的商品、应用和服务，包括基础设施、建筑、一般工程、采矿、汽车、包装等。2016年，塑料产业对经济总量的贡献约为760亿兰特，约占GDP的

1.9%，约占制造业产值的16.5%。塑料产业雇用了大约6万人，在整个塑料供应链上有近1800家公司。

由于进入塑料产业相对容易，下游塑料产业主要由小公司组成。在2008~2017的十年里，整个产业的平均年增长率为3%~5%，目前对制造业GDP的贡献为14.5%，其中塑料包装的贡献最大。塑料产业在调查期间的总投资约为75亿兰特。倾向于加大劳动强度的下游产业已显示出稳定的就业增长，塑料制造商的就业人数已升至约6万人，几乎是2007年（3.8万人）的两倍。

除了合法的国际竞争外，南非国内经济近年来还出现了非法进口的严重渗透。作为回应，DTI、南非税务局（SARS）和业界协调一致努力设计和实施风险措施，以打击海关诈骗及虚开发票的行为。该计划旨在鼓励和支持国内零部件生产，以帮助该产业在国内市场有效和可持续地提高竞争力。在此期间，一些主要公司在塑料行业推出（或升级、扩张）了对聚苯二甲酸乙二醇酯回收装置、SRF柔性包装（双轴定向聚丙烯薄膜生产线）、Sasol聚合物（19亿兰特乙烯净化装置），以及CSIR（由农业副产品制成的100%生物可降解塑料袋的开发）等新技术和工艺。另外，值得一提的是，纳尔逊·曼德拉湾复合材料公司的建立得到了政府企业发展计划的资助。

南非化妆品产业的零售水平一直在以每年6%的速度增长。南非是非洲大陆最大的个人护理市场之一，拥有约5万名员工，为零售业贡献了250亿兰特。而在制造业层面，化妆品行业有6万名员工，对制造业GDP的贡献率为1%，贡献了大约52亿兰特，在美发沙龙、健康水疗和零售等服务业也提供了数千个工作岗位。

在"有机"因素的推动下，全球和国内的化妆品生产都发生了根本性的转变，转向使用天然原料生产化妆品。随着全球天然成分和有机化妆品行业的迅速发展，DTI已采取主动措施，支持价值链上的众多公司。芦荟、马鲁拉、猴面包树、鲁伊博斯树和卡拉哈里甜瓜等天然成分被大量引入，超过549种含有本土植物天然成分的产品上架。2013年，增值生物产品在国内零售市场的总收入约为15亿兰特。这些产品中70%是个人护理和化妆品，其余30%是辅助性药物和食品调味剂。

最值得投资商注意的是TBAC公司，受益于制造业竞争力提升计划

（MCEP）资助，其扩大了在约翰内斯堡的制造设施建设。该公司目前向 18
个非洲国家出口产品（酒店洗液、液体和酒吧肥皂），服务 3500 名客户。
MCEP 还为 AMKA 的 9 亿兰特项目提供了支持，以建设和装备一个新的工厂
和仓库。2013 年，联合利华（Unilever）正式开设了一家价值 14 亿兰特的
家庭护理工厂，将把年生产能力从 9 万吨提高到 15 万吨。

（七）矿物选矿产业发展现状

钢铁是制造业的基础，顶级钢铁消费行业（采矿、建筑、汽车）为南
非国内生产总值贡献了约 6000 亿兰特（约占 GDP 的 15%），直接和间接雇
用了约 800 万人。

2017 年，受抑制商品价格、政策和监管不确定性等因素影响，南非采
矿业对 GDP 的贡献从 2015 年的 6% 和 2016 年的 5.4% 下降至 5.1%，这说
明该行业正面临发展放缓的趋势。当前贵金属产业面临的压力巨大，价格
低廉、成本不断上涨，大多数矿山的经营成本高于盈亏平衡点。然而，煤
炭和铁矿石业取得了良好的增长，这激发了人们的信心。

矿业生产的持续下降导致大量资产和项目的紧缩和封存。当前的经济
放缓将影响该产业及其配套服务的长期可持续性，进而可能导致资本支出
和运营支出水平下降，进而造成毁灭性的连锁效应，尤其是对矿业制造商
而言。矿商、初级钢厂和下游制造商难以维持就业岗位和投资新产能，全
球面临严重的钢铁危机。南非钢铁行业既面临工厂维护、设备升级方面的
投资不足，又面临停止生产用于采矿、模具、铁路和汽车应用的某些关键
初级钢材产品（尤其是附加值较高的扁钢产品）的局面，下游产业面临来
自低价进口制成品日益激烈的竞争，这些将继续侵蚀整个产业的制造能力，
缩小国内和区域市场的份额。此外，难以获得价格合理的废金属，将对新
的和未来的小型钢厂（全球趋势正转向利润更高的现代小型钢厂）投资构
成威胁及其他深层次的挑战。

南非拥有全球 80% 以上的铂金储量，目前估值约为 2 万亿美元，是世
界三大铂金矿业公司的所在地。铂矿为 13.6 万人提供直接就业，并进一步
支持了 32.5 万个间接就业。铂族金属（PGMs）是南非第二大出口收入来
源，长期以来政府持续支持该产业的发展。目前，铂需求的 39% 来自自动

催化转换器行业，29% 来自珠宝制造业。Sondo 贵金属公司获得了在全球范围内生产、使用、销售特别是销售经许可的燃料电池组件的权利。根据《巴黎协定》，国际社会为减少温室气体（GHG）排放所做的努力，可能对推进该产业在采用铂燃料电池技术方面起到积极作用。然而，随着替代竞争电池技术的采用，对铂的需求仍将受到威胁，采矿业面临巨大的风险。因此，迫切需要开发铂的新的应用和市场，并保证国际市场铂供应的可持续性和安全性。

燃料电池产业发展倡议旨在探索和促进铂的新市场机遇，以确保铂族金属矿业的持续发展。2016 年初，国际数据中心成立了一个由矿业公司、国内工程和制造公司以及技术供应商组成的指导委员会，与政府合作共同制定和实施南非选矿路线图，该路线图特别关注燃料电池。

在全球范围内，由于分布式能源发电模式的兴起，对储能的需求不断增长，利用诸如钒、镍和锰等主要南非矿产资源储能的解决方案也出现了重大机遇。

（八）绿色产业发展现状

根据 2015 年 12 月 12 日达成的《巴黎协定》，世界各国同意将平均气温上升限制在 2℃ 以内。作为扭转南非历史上依赖化石燃料发电局面的第一步，南非政府承诺在未来几十年实现温室气体排放的稳定和减少，这一承诺将对南非的工业和贸易议程产生重大影响。对于企业来说，这是一个"从碳密集型技术的投资和创新转向下一代创新解决方案的开发"的转折点。政府越来越意识到这些全球发展对传统的以碳能源为基础的工业系统构成的潜在威胁。毫无疑问，政府产业政策将支持那些采用新的高效生产系统的技术和措施，并能够创造给下一代清洁产品和服务带来需求的项目。

与此同时，政府意识到可再生能源发电或许会成为促进工业发展和消费者利益的重要催化剂。南非大量可再生能源发电项目拟实现部件国产化、创造就业机会和提高竞争力等一系列目标。2010 年，南非政府制订了可再生能源独立发电商计划（REIPPP），与私营发电商签订向国家电网供应能源的合同。可再生能源发电的设备主要被指定用于国内采购。这一计划旨在鼓励用可再生能源发电弥补电力短缺的同时，也能通过新工厂的建设来刺激制造业发展。

作为发展中国家可再生能源行业的初步举措，政府在 2012 年推出了可再生能源独立发电商采购计划。该计划的目标是通过竞争性投标程序发展南非的可再生能源部门。112 家可再生能源生产商共获得 6422 兆瓦的电力，57 个独立发电商（IPP）项目的 3162 兆瓦电能已接入国家电网。根据该计划采购的可再生能源达到 16991 千瓦时。在 57 个商业运营的项目中，已有 44 个项目运营时间超过一年。这些项目每年为南非公民创造 32532 个新就业机会，并使二氧化碳排放量减少了 1725 万吨。此外，这些 IPP 项目对国产化的承诺达到 671 亿兰特，有助于实现国产化目标。

近年来，可再生能源独立发电商采购计划被证明是一个非常成功的绿色经济项目，吸引了价值 2018 亿兰特的投资，贡献了 3162 兆瓦的发电能力，并且在整个合同期限内（不仅在投标时）要求南非实体参与 40%。目前，黑色经济增强集团（BEE）参与（包括社区信托参与）南非实体交付的项目已达到财务结算的 53.9%。南非黑人平均拥有项目股权的 31%，这些项目已经经过财务结算，当地黑人社区拥有这些项目 11% 左右的股权。在协议购电期间，将通过签约的 IPP 项目流入社区信托的股息收益总额为 22.2 亿兰特。南非黑人的股份也通过价值链得到了保障。工程、采购、施工以及运营和维护承包商必须在项目的整个生命周期内保持黑人持股和黑人高层管理。

近五年南非的电价上涨进一步导致消费者对电力的需求大幅下降，特别是能源密集型消费者的需求大幅下降。因此，部分公司明确反对再生能源项目的进一步扩张，因为它们担心自己的销售额下降，这导致以可再生能源为基础的工业化程度的大幅下降。更重要的是，这使一个日益增长的、具有全球竞争力的工业领域陷入瘫痪，丧失了参与下一次能源革命的机会。

国家太阳能热水计划的缓慢推出是工业机会次优实现的另一个例子。根据 2017 年国家支出估计，截至 2016～2017 财政年度末，国家太阳能热水计划已安装了 121519 台太阳能热水器，总支出为 19.7 亿兰特，这与原定计划中太阳能热水器系统的计划安装量相差甚远。这再次凸显了通过公共采购杠杆创造新的绿色产业的困难。

（九）业务流程服务产业发展现状

全球业务流程服务（BPS）产业已演变为一个生态系统，该生态系统现在更为高端、更为复杂，并以许多基于云应用的程序为特征。领先的海外企业已将自己重新定位为更广泛的信息技术业务流程行业的管理者，其中包括业务流程外包、信息技术外包（ITO）、知识流程外包（KPO）和法律流程外包（LPO）。这些服务包括许多垂直行业，活动范围包括医疗保健、银行业、金融服务和保险（BFSI）。南非作为顶级法律程序外包（LPO）目的地获得了特别的国际认可，能够提供类似于欧洲国家的专业知识。2016年，由于工业界和政府之间建立了强有力的伙伴关系，BPS行业实现了几个里程碑。自2012年和2014年获奖后，2016年在伦敦举行的2016年全球采购协会（GSA）评奖上，南非再次被命名为"年度离岸目的地"。连续获奖证明了南非在BPS价值链中作为行业领导者和世界级服务目的地的地位。

这一领域的新技术带来了对新思维和新行为方式的需求。云计算和技术的引入迅速改变了传统的业务运营模式。除此之外，智能手机、全球视频会议的出现，以及跨业务领域向数字化的全面转变，使员工在工作环境中有了更大的灵活性，从而摆脱了传统的只能在办公室工作的模式。

业务流程外包和联络中心正在重新调整其业务运营模式，以获得更多的就业机会，提高代理商的质量，同时实现成本的显著节约和效率的显著提高。根据2016年的全球远程工作情况调查，在家工作，也被称为"远程办公"，是一种快速普及的办公方法。

1998年，汉莎航空是第一家将离岸业务外包给南非的公司。随着汉莎航空业务的成功推出，南非扩展到了其他全球业务流程外包市场，现在它是许多运营商的所在地，如Aegis、Capita、CCI、Exl、Merchants、Barclays、Conditent、Infosys、Genpact、Teleperformance、WebHelp和Wns。南非也是亚马逊、ASDA、Bloomberg、英国天然气、Direct Line Group、IInet、壳牌和Shop Direct等国际品牌在海外的首选目的地。

南非的强势地位在很大程度上源于两个关键的DTI计划——BPS激励计划和蒙耶特拉工作准备计划（MWRP）。自2014推出修订后的BPS激励计划以来，已经批准了35个项目用于新的投资或扩张，使离岸业务所雇用的人数达到 30000 人，其中 35 岁以下所占比例达到 91%。MWRP 通过其技能发展计划支持了 16000 多名失业青年，使他们在 BPS 产业中拥有较强的就业能力（见表 1-10）。

表 1-10　南非 BPS 产业的增长

方案	变量	2007~2010 年	2011~2014 年	2015~2017 年
BPS 激励计划	就业（人）	9295	9077	11076
MWRP	培训（人）	4467	9356	32403
MWRP	就业（人）	3483	7268	28493
BPS 激励计划	出口收入（亿兰特）	3.49	590	198

资料来源：IPAP2018。

南非国内 BPS 产业的社会合作伙伴也通过大量投资和一些出色的举措做出了贡献。在进入英语市场方面实现了显著增长，英国和澳大利亚占据了南非海外市场的大部分。

如今，南非的供应商正迅速采取行动，在美国和加拿大等其他英语国家争取更多的工作机会。南非 BPS 英语市场的增长和多种服务的提供给现有的技能供应带来了压力，需要一个提供专业知识的人才库，提高人才在产业快速变化中处理复杂事务的能力，并拥有较强的英语语言能力和沟通技能。

（十）船舶制造及相关服务产业发展现状

该产业的关键经济数据见表 1-11。该产业包括船舶制造以及船舶、船只和钻井平台的维护和修理，而非国内制造的船只主要用作商业、运输及休闲用途。

表 1-11　南非船舶制造及相关服务产业关键经济数据

经济指标	2015 年	2016 年
占国内生产总值的百分比（%）	0.03	0.03
对制造业的贡献百分比（%）	0.20	0.20
就业人数（人）	3900	3900

资料来源：IPAP2018。

南非船舶制造业在驾驶多体、制造双体船方面发展出了特别的优势，一些南非公司被视为全球领先企业。此外，部分南非公司已经在商业和公共部门市场的细分领域有所发展，例如为石油和天然气产业提供消防船和船员运输船。南非以高质量和定制化以及相对于发达国家制造商更具竞争力的劳动力成本而闻名——这在船体建造等劳动密集型生产中是一种显著的竞争优势。

　　鉴于造船业具有高增长潜力的特点，它对任何国家来说都是一项红利。这个产业为其他产业带来重大的附带利益，包括钢铁、工程设备、港口基础设施、贸易和航运服务。然而，从国际上一些国家的造船业来看，南非在发展价值链下游的可持续性方面还有很长的路要走。南非面临的主要挑战是需要发展一个可与较发达国家竞争对手相媲美的部件制造业（见表1-12），发展这种能力将对创造就业，尤其是青年就业做出重大贡献。尽管

表 1-12　船舶制造业价值链中的主组件和服务

系统 & 组件		
照明 ● 灯具 ● 照明系统	空调系统 ● 通风系统 ● 供暖系统	锚碇、甲板机械、货物系统 ● 锚、链 ● 绞车 ● 绳索、护舷、牵引系统 ● 起重机、叉车、滚装设备
安全、救生和环保系统 ● 救生设备 ● 消防设备 ● 防污公约（MAPPOL）设备 ● 吊柱、起重机、坡道 ● 救援船和救生艇	辅助系统 ● 分离器 ● 泵和压缩机 ● 水箱 ● 阀门和配件 ● 加热器、冷却器 ● 过滤器、清洁器	
推进/发电系统 ● 柴油机 ● 蒸汽轮机 ● 燃气轮机 ● 齿轮和联轴器 ● 螺旋桨 ● 轴和轴承 ● 主机附件	辅助发电系统 ● 辅助发动机（柴油） ● 辅助锅炉	居住系统 ● 框架、墙壁、楼梯 ● 门和舷窗 ● 卫生设施：配件和电器 ● 电器 ● 家具和装饰

续表

系统 & 组件		
电气系统 ● 发电机 ● 电子引擎 ● 配电盘 ● 控制面板 ● 电缆 ● 电源和电池	仪表和其他系统 ● 控制和警报系统 ● 导航和测量系统 ● 特种海上设备 ● 特种水下设备 ● 特种海军系统 ● 声学和武器系统	通用装配件 ● 楼梯、梯子、走道、栏杆 ● 玻璃 ● 车间设备
转向系统 ● 舵机 ● 方向舵 ● 附件	通信和音视频系统 ● 通信系统 ● 数据处理 ● 音视频系统	大型船舶特殊作业系统 ● 推进器 ● 专用舵 ● 辊式卸料/防侧倾系统 ● 主动稳定器

资料来源：IPAP2018。

南非离发展真正可持续的船舶制造业还有很长的路要走，但DTI将继续深化和加强其努力——尤其是在国产化方面——以帮助促进其整个价值链下游制造业的发展。

该产业提供了将出口扩大到非传统市场，特别是撒哈拉以南非洲和中东市场的机会。在撒哈拉以南非洲的商业船的市场拓展方面，包括近海快艇、渡轮、水上救护车和工作船，南非企业也有巨大的机会。南非仍然是撒哈拉以南地区开展培训、维修和保养业务的首选目的地。这一局面可通过加强同非洲国家的政府间合作和通过提供资金援助扩大贸易规模来进一步推进。此外，南非还需要注意在产业和研究机构之间发展更好的合作，以实现其创新潜力。

该产业发展也面临着多方面障碍，具体包括如下几个方面。

其一，缺乏主要用于维修和修理的适当基础设施。尽管南非沿海有大量船只来往，但由于干船坞和大型货物修理设施有限，南非错失了许多机会。

其二，采购主体强调采购方案中经过验证的设计，大大阻碍了该产业的创新。这抑制了当地设计师的创造力和冒险欲望。地方设计能力的深入发展将对价值链产生巨大影响，将支持船舶制造业的创新。

其三，零部件符合海运标准的认证成本仍然很高。由于国家整体生产的船舶数量有限，不足以激励对船舶制造业零部件行业的投资。这一特定因素确实影响价值链，造成产业发展缓慢。

其四，技术人员的劳动力老龄化（平均年龄约为 55 岁），主要是白人和男性。此外，由于工业投资成本高，该产业的改革极其缓慢（或者说几乎不存在）。

其五，目前的关税结构不鼓励技术转让，也不鼓励提高系统和发动机组装过程中的国产化率。例如，发动机或系统的拆卸部件在进口时会被征收较高的关税，而完全组装的发动机或系统一般会获得豁免或征收很低的关税。

DTI 的产业政策部门与产业主要利益相关者协商，制定了一项全面的船舶制造业发展计划（MMDP），以解决短期、中期和长期的许多挑战，并开始使该产业在国内和国际市场上处于更具竞争力的地位。从计划制订以来，国内工业已获得价值 17 亿兰特的投标。MMDP 制定了工作船的长期采购计划，并不断更新，以确保该产业适合国有企业（SOCs）和政府部门公布的投标。

在产业、CSIR 和认证机构的密切合作下，南非已经为该产业制定了基于标准和认证的供应商开发计划概念。同样，通过与行业和培训机构协商，南非起草并完成了一项长期技能发展方案，且实施该方案的资金得到了国家技能基金（NSF）的批准。

在地理上，大多数造船厂分布在开普敦（位于西开普省）或德班（位于夸祖鲁－纳塔尔省），如图 1－41 所示。

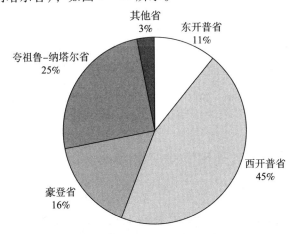

图 1－41　南非省级海洋制造业活动份额

资料来源：IPAP2018。

2008 年金融危机后，船舶制造业出口增长前景良好，出口从 2015 年的 23.9 亿兰特增长到 2016 年的 25 亿兰特。（见表 1 - 13）。

表 1 - 13　船舶制造业部门整体经济贸易表现

单位：兰特

年份	2015 年	2016 年
出口	2386940157	2499261573
进口	1187773361	1555266706
贸易差额	1199166796	943994867

资料来源：IPAP2018。

2016 年，南非船舶制造业进出口的最大贡献者是帆船（约 10 亿兰特）和挖泥船（约 9 亿兰特）。2001 年至 2017 年南非船舶、船只和浮动构筑物贸易情况见图 1 - 42。

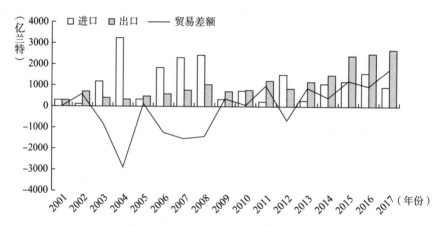

图 1 - 42　2001 ~ 2017 年南非船舶、船只和浮动构筑物贸易

资料来源：IPAP2018。

（十一）航空航天和国防工业发展现状

南非航空航天和国防工业是一个支持国家利益的具有全球竞争力的工业。该产业成功地融入了南非更广阔的工业版图，帮助扩大了国家科技工程技术基地，支持了国家科技技能基地建设（见表 1 - 14）。此外，它还通过向许多世界领先的航空和防务 OEM 以及一级、二级公司的出口和全球合

作关系，成功地进入了全球市场。

表 1 – 14 南非航空航天和国防工业关键经济数据

经济指标	2016 年
占国内生产总值的百分比（%）	0.1
对制造业的贡献百分比（%）	1.6
就业人数（人）	15000

资料来源：IPAP2018。

自 20 世纪 90 年代初以来，种族隔离制度向民主制度过渡所推动的政治变革，使该产业得到了戏剧性的重塑。然而，它在很大程度上仍然依赖于南非政府这个单一客户。正因如此，在继续开发民用和国防技术的同时，该行业研究和发展的资金大幅受限，再加上地方采购预算的缩减，导致了该行业主导地位的下降。

1990 年，该产业在 3000 家公司中拥有 13 万名员工（占制造业就业人数的 9% 和制造业企业的 10%）。而目前该产业约有 120 家公司，员工 1.5 万名。国防采购从 1989 ~ 1990 年度的 262 亿兰特下降到 2016 年的 60 亿兰特，同期研发资金从 61 亿兰特下降到 2017 年的 8.5 亿兰特，营业额从 316 亿兰特下降到 2016 年的 190 亿兰特。

资金有限迫使该产业只能在其他相关行业的业务中寻求生存机会。国防工业以先进的民用技术为基础，与民用部门共用设施和人员，从而实现了有效的发展和生产。2016 年南非定期航空航天服务的营业额估计达 233 亿兰特。

在新形势下，南非国防工业在航空结构、战术通信、雷达、电子战、火炮、迫击炮弹药和精密武器等研发和产品开发领域保持了领先地位。2016 年，国家常规武器控制委员会（NCACC）颁发了向 80 多个国家出口价值超过 40 亿兰特军工产品的许可证。

在陆地系统、武器弹药、消防及相关报警设备等产品和测距仪、通信设备等电子设备方面，近年来南非在非洲、亚洲和欧洲的市场份额不断扩大。埃及、德国、意大利、马来西亚和阿拉伯联合酋长国等国在其库存中增加了南非生产的设备，如潜望镜、双筒望远镜、加固计算机以及观测和瞄准系统。

该产业发展的主要制约因素是缺乏持续的国防采购战略和计划，有关政府部门〔DTI、南非公共企业部（DPE）、DST、南非能源部（DOE）和南非矿业部（DMR）〕、国家机关（IDC、CSIR 和国防测试中心）应参与其中。另一制约因素在于政府在政治、外交、工业和金融方面的支持有限。该行业的复杂性导致诸如工业发展公司这样的融资机构不愿为其融资。此外，以友谊价格出售武器、倾销设备，甚至捐赠武器，也时常作为南非对非洲乃至全球其他发展中国家施加影响力的手段，这进一步导致了该行业收入的减少。

该产业面临着许多风险和威胁。国防力量持续资金不足，限制了其获得新设备和系统的能力以及支持新研发的能力。虽然有几家公司在出口市场上做得很好，但如果该行业没有新产品参与竞争，未来就会丧失很多市场。增长缓慢且不稳定的出口不仅可能会阻止客户的二次订单，甚至会吓走潜在的客户。

但是该产业仍有许多发展机会。例如，能够为南非、非洲大陆和国际市场开发和生产符合国家地理特征的设备；具有航空航天和国防产品的维护、翻新和大修等能力；能够将国内工业定位为非洲大陆防务解决方案的一站式商店，并成为非洲国家的首选合作伙伴；南非还确定了开发国家旗舰项目——小型非洲支线飞机等。

为支持公平竞争的环境，该产业已经取得了下列成果：

• 制定国防战略，在国防委员会的保护下，致力于国内和国外市场保留、维持和发展主权国防能力；

• 成立一个出口委员会，并为其提供资金，该委员会的目标是识别新市场和新兴市场，并使其多样化，到目前为止，出口占该产业收入的 60% 以上；

• 在国防委员会的支持下，根据国防产业的历史背景，制定特定于国防行业的《黑人经济振兴法案》（BBBEE）章程；

• 将行业纳入 DTI 激励。

该产业主要获得了如下项目计划的支持。

（1）实施航空航天工业支持计划（AISI）

AISI 是由 CSIR 主持并以 DTI 战略目标为指导的项目，在 2012/2013 财政年度至 2016/2017 财政年度间承担了 126 个项目。同期共创造和保留了 65 个高技能岗位，并进行工业技能的培训（见表 1-15）。表 1-16 对重点项目进行了总结。

表 1-15 AISI 2012/2013~2016/2017 财年亮点

单位：个

财年	开发了行业稀缺技能	创造或保留的高技能工作岗位数量	受益的 SMMESs 数量
2012/2013	2	20	16
2013/2014	3	17	49
2014/2015	12	5	26
2015/2016	8	10	28
2016/2017	10	13	15
总计	35	65	134

资料来源：IPAP2018。

表 1-16 2012/2013~2016/2017 财年重点项目高层总结

项目名称	获得的支持	成果
方案：供应商发展		
航空电子元器件的局部设计与制造	满足所有行业规范的应答器安装托盘的设计和制造	• 3 个 SMMESs 受惠 • 替代进口 – 应答器安装托盘 • Daliff 和 Tellumat 之间的合作
SatAuth 技术演示器	为在飞行期间实时获取借记卡和信用卡交易提供最具成本效益的解决方案	• 涉及 17 个 SMMESs • 具有在整个航空业中扩展潜力的国产化能力 • 缺乏技能：SatAuth 服务器的质量保证
纳米卫星成像仪的研制	为纳米卫星任务定制的低成本空间成像仪的设计、开发、组装和测试	• 涉及 2 个 SMMESs • 出口功能：Gecko Imager • 创造或保留 8 个工作职位
CFRTP 重叠连接方法的过程设计和验证	连续纤维增强热成型塑料（CFRTP）的设计、工业化和验证	• 保留 2 个高技能工作职位 • 保留制造下部连接装置的国际合同 • 培养了 9 种稀缺技能
方案：工业发展和技术支持		
SKA PC 板本地化（TraX 互连）	升级和增强 Trax 的印刷电路板能力，以支持 SKA 的本地化战略	• 创造了 10 个高技能工作职位 • 进口替代 • 涉及 1 个 SMME
恒星陀螺仪项目	适用于低成本小型纳米卫星应用的星载陀螺仪子系统的设计与开发	• 涉及 2 个 SMMEs • 创造 1 个高技能工作职位 • 创造 1 个出口能力

资料来源：IPAP2018。

（2）Denel 航空结构公司和 Aerosud 航空公司

Denel 航空结构公司和 Aerosud 航空公司是与美国航空工业协会合作的两家制造企业，主要从事中小型制造企业的技术转让和基于技术的供应商开发。表 1 – 17 显示这两个公司开办中小型企业的情况。

表 1 – 17　Denel 航空结构公司与 Aerosud 航空公司开办中小型企业的情况

单位：个

公司	受益的 SMMESs 数量	支持的项目数	新技术项目
Aerosud	6	11	8
Denel	7	11	8
总计	13	22	16

资料来源：IPAP2018。

（3）百夫长航空村（CAV）

CAV 是国防工业部的一项倡议，是航空航天和国防工业的一个集群式发展方案。在同茨瓦内市签订服务协定后，CAV 已开始为对外批量服务架设电缆。这些协议为基础设施（道路、水和电力）的加速发展提供了条件。CAV 已经为它的第一个租户——AHRLAC——提供了服务，即一架轻型侦察和反叛乱飞机，这是由派拉蒙集团和 Aerosud 的合资企业 AHRLAC Holdings 在国内开发的。它被设计为一种廉价的、多功能的无人机（UAVs）和现代轻型攻击机的替代品。

（4）航空航天联合指导委员会（JASC）

航空航天已被政府确定为一个有潜力发展先进制造能力的部门，为此制订了一项航空航天部门发展计划。就计划而言，航空航天部门内部活动的协调对国家有利，这也促使了航空航天联合指导委员会的成立。JASC 已经选择并批准了小型非洲区域飞机（SARA）项目作为国家旗舰项目。SARA 是一个设计、开发和制造 24 座增压涡轮螺旋桨飞机的项目，有乘客和货物组合配置，用于缓解经济体之间的点对点通勤和旅行压力。它旨在满足 21 世纪非洲及中东、印度尼西亚、马来西亚和南美等类似地区的交通需求。

（十二）电子产业发展现状

南非电子产业在很大程度上依赖于进口材料，例如电子元件和医疗、电信设备等专业设备。这些设备绝大多数是从中国进口的，少部分从越南、美国和欧盟进口，详见图 1-43。

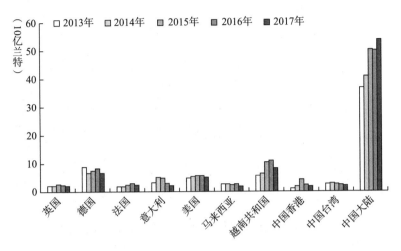

图 1-43　2013~2017 年电子元件和医疗、电信设备的进口
资料来源：IPAP2018。

由于全球电子产业仅由少数几个国家主导，这些国家拥有成立已久的大型公司，南非与其他国家一样存在对此种商品进口的依赖。尽管该产业总体上由少数几个参与者主导，南非已经失去了大量产品的设计和生产能力，但仍在继续吸引和维持对该产业某些生产领域的投资。在国内能力允许的情况下，南非将努力使电子产品国产化。显然，一开始的途径是与在该国运营的原始设备制造商建立互利的工作关系。

电子产品出口情况良好，然而，消费电子产品的出口相当落后，仅占电子产品总出口的 8.5%。工业部门中电机及设备具有最大出口能力和最强劲增长，包括输配电设备和广播设备。2017 年出口总额的一半以上流向南部非洲共同体——前三大出口目的地是纳米比亚、博茨瓦纳和赞比亚（见图 1-44）。图 1-45 分别显示了 2017 年南非电子产业各子部门的相对产值和就业情况。

图 1-46 显示了 2016 年第一季度至 2017 年第一季度的就业情况。在此期间，电机行业是唯一一个创造新就业岗位的行业。虽然这些数字在随后的几个季度又有所下降，但这一行业的就业水平仍相对较高。原因在于无

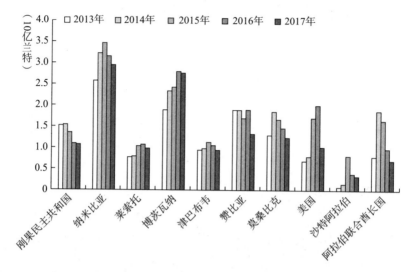

图1-44 2013~2017年电机及设备、录音机及电视等的出口

资料来源：IPAP2018。

线电、电视、家用电器等以电子生产为主的行业，以及开关设备等产品的制造都属于劳动密集型的产业。

电子产业的机会主要在于零部件供应商进入汽车价值链的机会以及对非洲大陆其他地区的投资。《三方自由贸易协定》的签订将进一步开放非洲大陆东部、西部、北部和中部地区的市场。发光二极管（LED）照明市场的增长将为国产化提供机会。由于国家对电缆国产化的指定，企业对高压

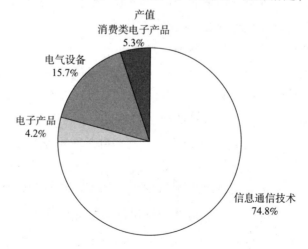

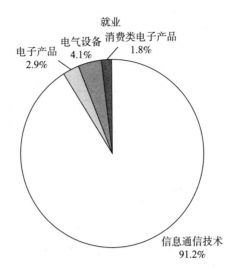

图 1－45 南非电子产业各子部门的相对产值和就业情况占比
资料来源：IPAP2018。

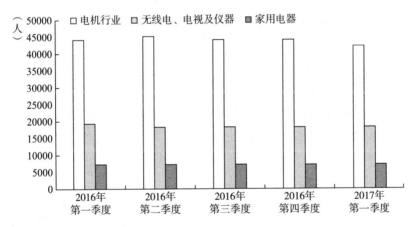

图 1－46 2016 年第一季度至 2017 年第一季度电子产业就业情况
资料来源：IPAP2018。

电缆制造的投资兴趣增加。该产业的主要挑战在于其复杂的子部门动态，该产业一直在努力整合和创建一个有意义的行业组织以便与政府轻松对接，降低当前咨询新的政策方案和数据收集的困难。大多数电子产品的国内生产成本过高使其在南非国内市场无法与廉价进口产品相竞争。

四 南非主导产业发展规划

针对"汽车产业""服装、纺织品、皮革和鞋类产业""金属制造、资本设备和轨道运输设备产业""农产品加工产业""林业、木材、纸浆、造纸和家具产业"等 12 大主导产业，南非政府分别制订了详细的发展规划以及对应配套的关键行动计划。

（一）汽车产业发展规划

1. 产业规划要点

汽车产业总体规划自 2016 年 7 月以来一直在制定中，它代表了南非到 2035 年进一步发展汽车工业的国家战略，其方式符合总统"九点计划"和国家发展计划（NDP）。在这一过程中确定了六个重要优先事项包括国内市场优化、区域市场开发、国产化、基础设施开发、产业转型以及技术和相关技能开发。重要的是，还确定了支持制度环境和 2020 年后汽车激励政策的基本要求。

2. 关键行动计划

（1）汽车产业总体规划

在汽车总体规划过渡到新战略和随之而来的政策分配期间，重点将放在国产化和黑人供应商发展的事项上，目的是支持工业增长和促进转型，特别是在劳动力密集型产品的供应商方面。相关政策将继续在以下关键领域实施：通过汽车供应链竞争力提升（ASCCI）计划、供应商升级项目、黑人供应商发展（BSD）计划，以及能够支持多个客户需求的合作国产化项目，提高供应商竞争力。

（2）黑人供应商发展（BSD）计划

该计划旨在发展 15 家黑人创业的汽车及相关行业制造公司，使其成为合格的汽车价值链供应商。该方案将与汽车装配商合作执行。每个黑人创业的供应商将获得 18 个月的制造支持、一般业务支持、指导和业务开发支持。该项目由 ASCCI（50%）和参与的私营部门赞助者（50%）共同资助。各原始设备制造商和大型一级供应商积极参与这项计划，并承诺共同资助黑人供应商，在升级方面为其提供指导和帮助。该方案将在项目一级和工业一级受到密切监测，预期黑人供应商的竞争力将有所提高。

（3）竞争力提升计划：大规模价值链升级（第一阶段）

大规模的价值链升级计划以成功的 ASCCI 世界级制造计划为基础，寻求遵循价值链的方法，资助更大、更集中的项目，其核心目标是提高供应商能力和提升特定价值链内的国产化水平。该项目将在 ASCCI 的主持下进行。

这一计划将为战略价值链中的汽车供应商提供竞争力提升和国产化支持，重点是升级整个价值链以及改善特定价值链中企业之间的战略联系。大部分支持是基于在世界一流制造业（WCM）项目中经过测试和磨炼的方法，以及从国产化举措中获得的经验。价值链的成功升级将通过汽车供应商采用最佳实践和技术，以及国产化机会来衡量。

（二）服装、纺织品、皮革和鞋类行业发展规划

1. 产业规划要点

鼓励服装、纺织品、皮革和鞋类产业提高全球竞争力，这些行业现在发展稳定，并显示出就业和产能增长的迹象。以零售商为重点的《2030 年零售、纺织、服装、皮革和鞋类总体规划》将为零售价值链的发展提供明确的愿景和相关的目标、规划干预措施和政策支持机制。该规划的目的是集中力量在国内发展一个可持续的南非制造业价值链，从而促进国内总产值增长和创造就业，通过进口替代减少该产业贸易逆差，通过改进制造业基地，创造新的就业机会并做好出口准备。

未来将大力促进贸易服务，鞋类出口从每年 440 万双（4.32 亿兰特）增长到 1500 万双（13 亿兰特）；增值皮革和皮革产品的出口额从 48 亿兰特增长到 66.2 亿兰特；皮革、皮革制品和鞋类的国内实际产值从 2016 年的 100.3 亿兰特增长到 2020 年的 181.3 亿兰特。

2. 关键行动计划

（1）皮革、鞋类产业测试能力的发展

皮革、鞋类产业目前得到 SABS 和 NRCS 在进口、新款式、出口托运、零部件测试和认证方面的支持非常薄弱。2016 年由 DTI 成立的行业工作委员会要求该部门促进开发由国内和国际机构认可的额外测试能力。伊丽莎

白港的 CSIR CTLF 能力中心现已承诺与鞋类及联合贸易研究协会（SATRA-UK）合作发展新的皮革、皮革制品和鞋类测试能力。

（2）皮革、鞋类出口集群（时尚中心）的发展

2010～2016 年，南非皮革、鞋类出口增长 167.2％，从 19.8 亿兰特增至 52.9 亿兰特。DTI 与南非皮革、鞋类出口理事会（SAFLEC）对过去的出口业绩和未来前景进行了审查。审查确定的增长趋势证实，南部非洲发展共同体和其他地区都有很强的出口潜力。然而，为了充分发挥这一潜力，确定了一些关键的特定部门干预措施：

- 国际竞争情报（ICI）获取；
- 评估全球色彩、时尚和设计趋势；
- 开发可出口产品范围；
- 与国际机构合作；
- 发展指定的出口导向能力；
- 在鞋类、配饰和皮革服装分行业内发展国内时尚产业；
- 南部非洲发展共同体（SADC）内部的密集出口营销。

然而由于缺乏资金，SAFLEC 无法完成西北大学开发的基于引力和决策支持模型（DSM）的贸易机会矩阵（TOM），这意味着暂时无法对已披露的实际出口机会（RREO）做出估计。SAFLEC 已要求 DTI 与德班市和纤维加工和制造业教育培训署合作，促进建立皮革、鞋类出口集群（时尚中心）。SAFLEC 将与主要出口皮革、鞋类制造商合作，制定一份完整的方案。通过这些行动，实现出口收入增长 49％，并且使得贸易赤字减少 22％（从 2016 年的 117 亿兰特降至 2020 年的 91 亿兰特）。

（3）零售驱动的综合供应链计划（ISCP）第二阶段

该计划提供一种实施机制，基于该机制，零售商将通过国内价值链集成来替代进口产品。可持续棉花集群成功地展示了 ISCP 的商业模式。近期的目标是争取与 84 家国内制造商及主要的国内成衣零售商推行 ISCPs。

（4）棉花产业发展战略

国家棉花产业战略于 2016 年制定完成。它在零售业进口替代、填补制造业产能缺口和创造就业方面具有巨大潜力。接下来将拟定具体的子产业战略，例如棉纺、纬编、染整和零售的子行业战略。

（5）区域棉纺织发展

南非棉花产业战略制定于 2016 年，现在将努力制定这一战略的延伸政策，指导南部非洲关税同盟（SACU）和南部非洲发展共同体国家的双边工业价值链能力发展。通过准确定位区域棉纺织服装产业价值链，作为与其他区域国家进行双边贸易和发展的基础。

（6）马海毛附加值改造

根据可持续的实践和程序，在马海毛原纤维产量、纤维质量和纤维可用性方面进行技术创新和发展，使南非成为全球马海毛价值链的重要贡献者和首选供应商。通过与更广泛的马海毛行业合作，制定强有力的马海毛产业发展战略，采取可持续的措施，提高纤维质量和附加值，从而在国内生产优质上衣、纱线和成品，以满足国内和出口市场的需求。

（三）金属制造、资本设备和轨道运输设备产业发展规划

1. 产业规划要点

政府寻求在公共采购中实现 75% 国产化率的总体目标。这也是振兴金属制造、资本设备和轨道运输设备产业的重要支柱，但只能通过利用现有和未来的政府资本、运营支出计划来实现。国家铸造技术网络（NFTN）是 DTI 和行业的一项倡议，旨在通过技能发展和企业发展振兴铸造产业，从而扭转铸造产业多年来对整个制造业竞争力产生的负面影响。南非的珠宝产业在过去五年中成功地增加了 290% 以上的出口，2016 年出口超过 10 亿兰特，为了实现出口的进一步增长，中国市场已被确定为对南非珠宝制造产业最具增长潜力的地区。

2. 关键行动计划

（1）大幅提高国产化

政府寻求在公共采购中实现 75% 国产化率的总体目标，该目标将完善、加强、补充和测试国产化和指定方案的效力。例如，与采购实体和制造商就实施方案的交流表明，在采购过程中需要进行调整和合并，以便更加清晰和简化处理。该项行动力争达到以下一些目标：

- 更好地利用国家基础设施项目提供的国产化机会；
- 减少进口缺口；

- 增加对关键制造流程和活动的投资，以供应国内市场；

- 更好地抓住市场售后机会；

- 支持重振制造业丧失的产能；

- 增加就业和出口。

（2）全国铸造技术网络

国家铸造技术网络（NFTN）是一项倡议，该倡议希望解决 2016 年以来出现的一些关键问题，具体包括：

- 订单数量不足，无法提高生产效率和成本竞争力；

- 高昂的产品开发成本和模具成本阻碍了本产业对其他关键产业（如铁路和汽车产业）的渗透；

- 市政当局对环境立法的解释不一致；

- 缺乏足够的电力基础设施和过高的能源价格。

倡议希望通过适当的技能培训、技术转让和先进技术的传播，发展具有全球竞争力的南非铸造产业。

（3）专为珠宝业制订的援助计划

为了实现出口的进一步增长，未来将针对中国市场进行珠宝产业出口的扶持。政府将修订黄金贷款计划指引，扩大目前的黄金贷款计划，提高黄金和珠宝制造业的总体成本竞争力，确保包括珠宝制造所需的关键原材料。

（四）农产品加工产业发展规划

1. 产业规划要点

南非有大量未得到充分利用的本土植物，它们代表着农业生物多样性的巨大财富，有潜力为改善收入、创造就业机会和地方经济发展做出贡献。《生物经济农业部门实施计划》确定了有潜力开发成新型特殊商品的新作物。

未来发展目标首先是确定现有的、单个的小众行业参与者，并构建可持续的价值链集群框架，以实现综合发展。其次是确定未充分利用的农业加工设施的潜力，使其成为可行的、可持续的、创造就业机会的农业综合企业。最后是促进清真产业的发展和竞争力，该方案旨在提高南非清真产业的国内和国际竞争力。全球清真产业价值为 2.3 万亿美元，据估计，该产业规模以每年 20% 的速度增长，每年的价值增长约为 4600 亿美元，该产业产品的消费者是世界上增长最快的消费群体之一。拥有 18 亿穆斯林的全球清真市场不再局限于食品和相关产品。清真产业现在已经从食品产业扩展到药品、化妆品、保健品、医疗器械等领域以及服务行业，如物流、营销、印刷和电子媒体、包装、品牌和融资等。南非清真制造公司也在这个不断拓展的全球清真市场中处于有利地位。

在农产品加工出口方面，Rooibos 是一种独特的南非植物，在全球市场都受到欢迎。它通常作为一种调味品进行交易，从而降低了原植物的益处。南非政府将最大限度地提高全球对 Rooibos 地理标志（GI）的认识，广泛公布其属性并在目标市场进行推广。

南非是世界上最大的新鲜水果和坚果生产国之一，该部门对农业出口的贡献最大，相当于农业出口总额的 90%。"法克萨行动"和水果价值链圆桌会议成果的实施旨在迅速加快出口增长，并在新市场和现有市场开发增值产品。

南非糖业与农业和工业投资、外汇收入、劳动强度和其他下游工业有着直接联系，由此对国民经济做出了重要贡献。政府认识到小规模种植者在价值链中的作用和重要性，并制定必要措施以实现该行业的包容性增长。

2. 关键行动计划

（1）发展国家和区域的产业部门

制订《生物经济农业部门实施计划》，确定了有潜力开发成新型特殊商品的新作物或欠发达作物。这一计划主要包括两个方面的内容：首先，着眼于生产新的品种和国内生态植物品种的长期研究和发展；其次，关注于产业政策行动计划（IPAP）中确定的产品的快速商业化。具体目标主要为：

● 增加行业对制造业 GDP 的贡献；

● 挖掘上下游市场价值链的潜力，促进创造就业机会；

● 增加中小型农工企业在价值链中的参与，特别是在最不发达的农村地区。

（2）吸引战略投资，发掘未充分利用的农业加工设施的潜力

发掘未充分利用的农业加工设施的潜力，使其成为可行的、可持续的、

创造就业机会的农业综合企业。这可以通过战略投资和通过供应商发展方案促进市场准入来实现，释放未充分利用的农业加工设施，从而创造可持续的就业机会。

（3）促进清真产业的发展和竞争力

该方案旨在提高南非清真产业的国内和国际竞争力。无论是从终端用户的概况，还是从产品的数量和质量上，南非对清真市场的情况都知之甚少。正确理解清真产业价值链对于支持制造业的发展至关重要。这将使南非能够建立必要的清真产业结构，建立广泛的清真价值链，以确保该产业从生产者到消费者的可持续发展。

（4）家禽价值链计划

政府确定与利益相关者和投资者合作，解除目前家禽价值链中制约新投资、深化国产化和包容性增长的限制。本计划将试行机械去骨肉类（MDM）禽肉加工，以减少进口（2012～2016 年，南非 MDM 进口量从 131317 吨增加至 195256 吨，年均增长 10%）。该计划的主要目标是：

- 推进禽类工作小组、禽类价值链圆桌会议开展的价值链对接工作；
- 提升家禽行业竞争力；
- 支持新进入者（中小型家禽生产商）；
- 增强国产化的制造能力；
- 缩小家禽贸易逆差；
- 在全国范围内建立 MDM 设施。

（5）农产品加工出口发展

Rooibos 是一种独特的南非植物，国内和国际上对其的广泛研究表明，其在药用和美容方面都有巨大的益处。南非政府成功申请将 Rooibos 作为一种独特的南非植物，因此具有地理标志的资格。接下来要进一步提高其品牌认可度，满足全球在食品、医药和化妆品等领域对 Rooibos 和增值产品的需求，在价值链上创造更高的收入。

南非是世界上最大的新鲜水果和坚果（柑橘、坚果、梨、鳄梨等）生产国之一。通过"法克萨行动"和水果价值链圆桌会议，刺激出口增长，并在现有市场和新兴市场上开发增值产品。

南非糖产业由一些大型商业农场主提供超过 80% 的生产量，占绝大多数的小规模农民仅贡献大约 10% 的产量。政府认识到小规模种植者在价值链中的作用和重要性，并制定必要措施实现该行业的包容性增长，这对于该行业的长期可持续发展至关重要。首先，将通过改善标准和提升以前处于不利地位的个人在糖价值链中的参与度，加速行业增长。其次，创造条件使现有的小生产商能够扩大生产规模，为新进入者扩大规模提供可能性。最后，通过促进技能转移、管理指导和基础设施共享等，让企业能够开放资源和市场。

（五）林业、木材、纸浆、造纸和家具产业发展规划

1. 产业规划要点

该产业的市场准入干预要既针对地方市场，也要针对区域市场。进口的涌入，尤其是来自东方国家的进口，缩小了家具制造商在国内市场的份额。制造商面临的两大挑战是家具零售业的高度集中，以及让零售商购买国内生产的家具。

《林业增效框架》指出，有必要扩大对产业的原材料供应，并需要改善对原材料的获得渠道。区域发展方案和战略的拟定将解决该产业所面临的两大限制。在过去几年里，DTI 协助南非公司探索在莫桑比克投资，并从莫桑比克进口木材的机会。

DTI 认识到循环再造在国内经济中所扮演的重要角色。它还承认有必要对回收工业进行投资，以增加纸张的回收，满足国内和国际的需求。南非提议了一个废纸回收方案，该方案将由发展资助部进行管理。该方案的核心和重点是通过企业发展、提高纸张回收意识和建立战略伙伴关系，扩大废纸收集者的材料来源。发展资助部已经通过提供财政和非财政援助来支持该类型企业的发展。

2. 关键行动计划

（1）家具市场准入干预计划

市场准入干预计划既针对国内市场，也针对区域市场。大型零售商总共占有国内 80% 的市场份额，其余的由独立家具零售商分享。这赋予了零售商与制造商巨大的议价能力，导致生产者产品价格受到抑制，对新的潜在进入者缺乏吸引力。这种干预主要有以下几个目的：

● 改善国内制造产品的市场准入——特别是着眼于区域出口市场，尤其是南部非洲发展共同体；

● 在目前以廉价进口为主的低收入家具市场，提高国内市场份额；

● 通过公司在相同地理区域的共同选址，实现家具行业的集群发展，家具孵化器将针对特定产品的发展和以市场为导向的发展，加强规模化生产。

（2）林业价值链区域发展方案

根据《林业增效框架》，DTI 协助南非公司探索在莫桑比克投资和从莫桑比克进口木材的机会，也通过 TISA 在整个非洲大陆的办事处，促进南非在一些司法管辖区的投资、出口以及战略木材进口，这有助于解决南非先进制造业原材料短缺的问题。

（3）南非废纸回收计划

该计划已经在埃库鲁莱尼市试行，试点工作成功后将扩大到其他市。预期由于纸张回收率的提高，国内对再造纤维的需求会得到满足。计划的实行提高了埃库鲁莱尼市及其周边地区的纸张回收率，并使回收企业正规化。

（六）塑料及化妆品产业发展规划

1. 产业规划要点

首先从废弃物中开发聚合物，其目的在于增加国内聚合物和其他重要化学品的产量并增强其可用性，降低对进口聚合物的依赖，稳定价格。

其次是构建塑料行业技能开发、测试和创新集群，集群干预的重点是通过技术开发、研发和测试，提高塑料行业的创新能力和竞争力。

最后是推动塑料元件融入汽车产业。塑料使用量的增加是一种通过降低汽车重量来提高燃油效率的新趋势，汽车产业对塑料行业而言具有很大的增长潜力。

为了支持国内的化妆品和个人护理产品制造商，化妆品行业服务平台正着手与 Proudly South Africa 合作，推广国内生产的化妆品和个人护理产品。将通过政府资助计划，帮助国内制造商按照国际标准以合理的价格生产，同时满足国内的高需求。除了加强国内市场、确定投资机会和吸引外国直接投资，此次干预的重点将是通过与旅游业和整个私营部门形成战略伙伴关系，促进国内生产的化妆品和个人护理产品的推广。

2. 关键行动计划

（1）从废弃物中开发聚合物

南非国内对聚乙烯聚合物的需求继续以每年4%～5%的速度增长，在全球范围内乙烯供应不足，因此获得价格有竞争力的聚乙烯聚合物正日益成为一个问题。由于国际和国内需求的不断增长和聚乙烯聚合物使用的逐步转变，有必要扩大乙烯和相关聚合物的国内生产，使用创新技术为下游产业提供竞争优势。其中一项专业技术是将废气转化为乙醇，乙醇可以转化为乙烯，并进一步加工成聚合物。这项新技术将使一氧化碳等废气成为南非目前化学品和塑料聚合物的补充品。成功地在商业层面实现这一目标将增加废气资源的价值，同时也将大大降低对化石资源的依赖，减少碳排放，并可能降低运营成本。这项技术突破也有望利用城市固体废物生产乙醇和其他化学品，如丁二烯、异丙醇和异戊二烯。这是迈向真正的循环经济和零废物社会的重要一步。由此可提高下游塑料转化行业的竞争力，创造就业机会，减少碳足迹。

（2）塑料行业技能开发、测试和创新集群

本次集群干预的重点是通过技术开发、研发和测试，提高塑料行业的创新能力和竞争力。集群主要基于共享的基础设施和设备。技能发展部分的主要重点将放在以下三个改进领域：

• 增强可持续增长、发展和公平的关键技能，即提高培训质量和相关性；

• 促进就业能力和可持续发展；

• 协助失业学员参加经认证的工作、综合学习和工作场所体验项目，以获得进入劳动力市场或自谋职业所需的关键技能。

该干预将建立一个实验室，用于进行样品测试、公司试运行、产品开发、产品和材料分析、协助开发废旧材料产品以及在产品需要符合某些国际标准的情况下对其进行测试。长期目标是使该实验室获得国际机构的认证，从而使南非产品能够在国内接受出口标准的检验。南非目前只有几个非常小的塑料实验室，这对塑料行业来说是一个巨大的问题。该项目将得到CSIR和高等教育机构等其他实体伙伴的支持。这一系列的行动预期将取得如下成果：

- 消除竞争力增长的障碍；
- 协助扩大熟练的专业人才储备；
- 为行业提供更好的发展方向，使其员工达到世界级标准；
- 增加就业；
- 增加和传播创新；
- 开发新产品和市场；
- 提升产品质量；
- 提高集群企业的生产率；
- 增加出口量。

（3）推动塑料元件融入汽车产业

塑料使用量的增加是一种减轻汽车重量从而提高燃油效率的新趋势，汽车产业对塑料行业具有很大的需求潜力。然而，南非国内这一行业在过去几年没有增长。事实上，塑料汽车市场的聚合物转化率已经从2012年的7%下降到2015年的4.2%。南非将优先考虑塑料这一细分领域，并将推动提高塑料部件在汽车产业中的国产化率。这将对塑料行业产生积极的增长影响，因为这些项目是以高价值产品为基础，而不是以其他商品为基础的辅助产品（如塑料包装），从而产生替代进口和建立国内塑料生产基地的机会。该行动的期望目标包括：

- 增加汽车产业塑料部件的国产制造；
- 通过进口替代和增加出口来缩小塑料贸易逆差；
- 在汽车价值链中发展一家有针对性的黑色塑料部件制造商。

（七）矿物选矿产业发展规划

1. 产业规划要点

多年来，南非政府关于矿物选矿产业的政策制定越来越注重多样化，从采矿和资源开采转向制造、增值和创造就业。在IPAP中，选矿已被确定为工业化的关键工具。在详细的研究和合作工作的支持下，南非很有可能在氢经济和能源储存领域在全球发挥重要作用，政府、国际数据公司和工业界已经实施了一些关键项目。随着燃料电池和储能技术的发展处于领先地位，南非将创造对铂族金属（PGMs）的新需求作为首要目标。

政府将加强对钢铁工业可持续发展的干预。通过扩大 PGMs 选矿业，同时协同多方利益相关者的方法，南非将探索运输部门、采矿设备的市场化和产业化机会。

2. 关键行动计划

（1）对可持续钢铁工业的干预

其一，中短期干预措施的监测和评价。

钢铁是南非制造业的基础，顶级钢铁消费行业（采矿、建筑、汽车）为南非国内生产总值贡献了约 6000 亿兰特（约 15%），直接和间接雇用了约 800 万人。自全球钢铁危机爆发以来，政府与广泛的利益相关方协商，平衡对上下游钢铁行业的支持，提出并实施了一些政策措施，以保护钢铁行业免受关闭和产能损失的威胁。

其二，中期干预。

由于矿商、初级钢厂和下游制造商难以维持就业岗位和投资新产能，全球钢铁危机的影响一直很严重。2017 年南非成立了一个跨部门任务小组，以制定一个中期框架，以及确立评估、批准和监督透明谈判价格协议的标准，其目标群体是由 Eskom 或市政府提供的中型到大型工业用户，旨在为符合条件的用户提供长达 24 个月的较低电价。

鉴于目前的能源供求情况，拟议的框架对能源密集用户来说是一项积极的倡议，其目的是要过渡到更高的增值水平，降低对资源和资本的依赖。

（2）扩大 PGMs 选矿工业

2018～2019 年，国际数据中心协调指导委员会将侧重于价值链分析，以确定南非具有可持续竞争优势的机会，并确保这些机会在市场上的长期可行性。矿业公司、国际数据中心和政府目前正在实践符合路线图的运输用移动燃料电池、固定燃料电池、矿山资本设备及叉车等几个关键项目。该项行动期望在以下几个方面取得突破：

●增加国内生产铂的选矿和增值，扩大铂的用途和市场；

●通过国内组装、关键部件制造以及最终完整燃料电池解决方案的制造实现国产化，开发甲醇、氢等化工原料的供应链及相关物流；

●在 DST 南非氢燃料电池项目（HySA）计划下整合技术解决方案，将国内开发的技术改造成国产化的燃料电池解决方案。

（3）能源存储发展

其一，锂离子电池前体材料项目。

在国际数据公司的资助下，黑人工业家项目正在支持 Thakadu 硫酸镍项目的商业化，该项目将在 NW（Lonmin）炼油厂建立一个投资 2.51 亿兰特、年产 2.5 万吨的硫酸镍工厂，该工厂采用的是于 2018 年投产的 Mintek 的专有工艺，该化学产品在全球锂离子电池中得到使用，并已与全球客户达成协议。

作为上述项目的补充，DST 启动了一项战略性锰前体开发计划，以满足南非对锰资源的需要。该计划是通过从德尔塔 EMD 有限公司收购知识产权和专业知识发起的，与 Limpoo 大学共同主办。锰前体开发工作的长期目标是在南非建立一个新的锰选矿厂，为未来国内和全球锂离子电池（LIB）生产商提供前体材料。具体的干预措施将包括与经济特区（SEZs）的接触，以利用这些区域的设施；与潜在投资者的接触；与上游锰矿和加工公司合作，吸引它们参与产品开发等。

其二，南非储能技术示范。

国际数据中心领导的储能指导委员会已经确定了南非的储能使用标准，包括输电和资本延期、套利（在低需求期间存储生产盈余，在高峰期间满足更高需求）、电压支持、频率和监管。

在此阶段，主要关注商业站点部署，这些部署将有助于在南非证明技术和业务的可行性，同时这对于获得第一手经验和知识也至关重要。今后将促进建立支持大规模推广储能的政策和监管框架。

考虑到未来全球对钒储能应用的预期，最初的重点是开发一个钒电解质生产设施，然后在南非建立一个钒氧化还原液流电池制造厂。这是以全球市场的视角促进新的工业发展机会的尝试。本项目将支持增加南非钒资源的选矿和钒氧化还原流电池技术的国产化，以支持南非和区域市场的发展。

（4）扩大国内采矿设备和零部件制造商的市场份额

矿业协会（CoM）与政府公私合作的曼德拉矿业区（Mandela Mining Precienct）计划于 2018 年 5 月正式启动。该伙伴关系将由 DST 和 DTI 出资，价值超过 2.2 亿兰特（至 2021 年）。除了 2018 年承诺的 3.3 亿兰特外，

CoM 还将每年最终确定其出资额。

这个平台的创建是为了驱动国产化并协调矿业公司和制造商的利益。共同目标是简化供应链，合作开发设备，从而增加黄金和铂矿的价值，并将其寿命延长到 2050 年及以后。之前采矿设备制造商之间几乎没有协调机构，如今 DTI 在资助和指导这一领域内两个新集群开展协调的议程方面发挥了关键作用。

2017 年，DTI 为南非采矿设备制造商（MEMSA）的建立和方案开发提供了 800 万兰特的资金。它还为南非矿产加工设备集群（SAMPEC）提供持续支持。MEMSA 和 SAMPEC 这两个集群，都位于曼德拉矿业区内。曼德拉矿业区被定位为所有采矿相关研发活动的中央协调机构所在地，旨在开发下一代采矿系统。矿业公司目前支持六个研发项目的展开。基本目标是在价值链的提取和处理阶段确定更高的效率，最终恢复深层采矿的长期可行性。这些项目包括：对现有运营矿井进行现代化改造、机械化开采黄金和铂金、非爆炸性岩石破碎、获取高级矿体知识、实时信息管理 & 挖掘系统 4.0、矿业供应链优化等。

国内原始设备制造商在稳步增加其订单，外资同行也注意到了 DTI 对提高国产化率的要求。一家主要的全球采矿设备供应商最近投资 13 亿兰特参与南非国产化计划；另一家已经为南非和其他区域市场推出了其首款国内制造的大型铲运机。目前，南非正在努力将外国原始设备制造商纳入曼德拉矿业区的主流活动，以寻求技术和技能转移的机会，并利用原始设备制造商的创新和研发能力共同发展伙伴关系。

南非矿业的竞争力对其生存至关重要，尤其是在大宗商品价格停滞不前、运营成本上升的情况下。DTI 正在与领先的矿业公司（Sibanye、英美资源集团、South 32、Impala、Aard、Rham、Multotec 等）合作，这些公司认识到，为了保持竞争力，它们必须创新并使用新技术（有时来自横向行业）来改造其运营状况。这包括改善矿山安全施工、实时信息管理、人工智能和注重环境影响等问题。新的采矿方法将是使该行业在未来"数字矿山"的行业中保持全球参与者地位的核心，从而整合整个价值链。采矿 4.0 正迅速成为现实，技术是关键驱动力。

（八）绿色产业发展规划

1. 产业规划要点

在贸易和产业政策（TIPS）的支持下，DTI 最终完成了两项关于南非钢铁价值链和石化价值链经济与社会和环境状况关系的试点研究。将这些产业的气候适应性与国际竞争对手进行了比较，并对其脆弱性进行了评估，确定了可能的解决方案，并正在为每个部门制订实施计划。这符合气候适应型工业发展政策路线图的第一阶段。

从政策角度看，政府必须制定绿色经济规则，并提供调整经济行为所需的信号和条件。国家清洁生产中心（NCPC）多年来一直在收集有关工业能源和其他资源使用的数据。提高收集、分析、解释和报告的能力将有助于政策制定以及环境和工业目标的协调。本项目旨在收集和报告能源用水数据以及改进工业部门和公司废物排放模式的系统和流程。同时在南非国家清洁生产中心设立一个数据库，收集工业部门和工厂的资源（水、能源、原材料）使用和资源节约的统计数据。所收集的数据将供国家环境报告框架内的各个政府部门使用，并用于跟踪确定的国际减排目标所取得的进展。

预计到 2030 年，南非的水需求量将达到 177 亿立方米，而目前的供水量仅为 150 亿立方米。未来的水供应和需求将从根本上挑战南非的经济和社会发展规范，需要谨慎管理，以确保可持续增长。政策制定者需要在农业、关键工业活动（如采矿和发电）和大型且不断增长的城市中心之间进行艰难权衡，同时需要确保充足的原始或上游水资源，实施最适当的供水和提高水生产力的技术解决方案，并实施适当的激励措施来改变用水者的行为，同时促进投资以解决基础设施落后和节水技术等问题。更为重要的是要了解私营部门在这方面的作用，并将其纳入一直以来由公共部门单独管理的领域。

2. 关键行动计划

（1）气候适应型工业发展政策路线图

在 TIPS 的支持下，DTI 最终完成了两项关于南非钢铁价值链和石化价值链经济与社会和环境状况关系的试点研究。

（2）系统化的资源效率数据收集和报告

从政策角度看，政府必须制定绿色经济规则，并提供调整经济行为所需的信号和条件。传统的对国内生产总值贡献的衡量方法常常产生这样一种看法：环境政策对经济的影响很大，对企业的影响也不尽相同。国家清洁生产中心（NCPC）多年来一直在收集有关工业能源和其他资源使用的数据，从而提高南非能源及资源使用效率。

（3）利用适当措施和技术确保水安全的国家战略

南非的供水受到较少且不可预测的降雨模式、有限的地下蓄水层以及依赖邻国大量水输送的制约。必须建立合理的南非水资源发展愿景，以帮助确定弥补供需缺口并消除这一差距的最低成本技术解决方案，从而指导未来的水资源规划，使其与整个经济的方向相结合。

（4）工业用水效率项目

南非工业传统上是资源密集型的，从环境和成本的角度来看，这一特点正日益成为挑战。能源方面的供应冲击已经开始刺激工业采取更节能的生产方法。近年来全国范围内的干旱，尤其是该国开普敦地区长期的干旱和水危机，使可持续用水和供水成为国家关注的焦点。各公司必须应对日益增大的水不安全压力，以及工业用水成本和环境因素的增加。

工业用水效率项目旨在支持南非工业改变用水模式，以提高工业公司的用水管理效率。该项目的重点是建立合作伙伴关系，使其能够制定更具支持性的政策，制定培训方案以提高工业中与水有关的技能，并协助工业公司评估和提高工厂的用水效率。

（5）工业能源效率计划

在南非提高工业能源效率（IEE）项目的第二阶段（2016～2020年）将继续第一阶段所做的工作，以支持改变工业能源使用模式，使能源使用更加高效和可持续。该项目旨在提高南非的工业能源效率，为国家改善能源安全和电力供应做出贡献，同时寻求实现能源转型，使 GDP 增长不受能源短缺和价格上涨的持续制约。

上述目标将通过在工业工厂实施能源管理系统（EnMS）和能源系统优化（ESO）以及能源专家的支持来实现。同时，将基于 ISO 50001 的能源管理标准纳入工业企业的管理，以确保持续的能源节约。此外，要培养工业领域的能源效率专家，特别是提高妇女作为工业能源效率专家的能力。

（6）提高资源效率和清洁生产技能

资源节约型和清洁生产（RECP）中提供的技能发展方案旨在提高工业领域可用的南非技能，以促进提高能源利用效率、水利用效率以及减少废物和减少碳排放。来自行业的专业人员通过职业培训课程进行培训，而实习计划为年轻毕业生提供RECP技能。该项行动预期实现如下目标：

●通过刺激所有相关技能的需求和供应，在增加能源优化和资源高效清洁生产方面专业技能供应的同时，提高相关培训计划的正式认可度和可信度；

●通过培养年轻的工程和科学领域毕业生专业的RECP技能，提高他们的就业能力；

●通过培训促进能源、水和材料的节约，以及改善对废弃物的管理。

（7）使资源效率和清洁生产领域的职业专业化

近年来，在这一领域出现了绿色报告、标准和认证方案激增的现象。在企业层面上，行业内对这些要求的适应一直很缓慢。这种滞后的部分原因是对报告的好处缺乏认识，部分原因是缺乏必要的监测、评价、核查和审计服务的基础设施。

该项目旨在消除这些差距，并使工业界更加敏感地认识到更新绿色报告的必要性，以及为未来不可避免的强制性绿色要求做好准备。它还将涉及执行资源效率的专业人员标准，使这些专业人员能够具备相关技能，以支持工业向低碳经济过渡。项目将成立一个专业机构，负责培养合格的专业人士，协助业界遵守现行及未来有关提交能源计划、碳排放报告、税收优惠及与排放有关的活动及其他形式的环境报告的要求。

（九）业务流程服务产业发展规划

1. 产业规划要点

当投资者决定在何处建立呼叫中心业务时，一个庞大的技能库的存在是其做出决定的重要性因素。所有提供BPS的国家无一例外地申明自身具有强大的国内技能库。

BPS激励计划是一项产业融资支持措施，旨在吸引来自英语市场的领先品牌，以英国为主导市场，增加南非对全球BPS产业的参与。这种奖励办法降低了每个代理人的作业费用，使南非同其他东道国相比更具竞争力。

2. 关键行动计划

（1）Monyetla 工作准备方案

在南非，长期以来工业界提供的方案以及 Monyetla 工作准备方案均集中于初级技能。2016 年，南非业务流程支持部门（BPeSA）与西开普大学、私营部门利益相关方合作，为呼叫中心经理级工作人员（Contact Centre Work Force Manager）提供数据分析和商业智能方面的研究生文凭。继续执行该方案将扩大具有专门技能的代理人以及国内管理人员群体。下一阶段将为全国各地 3000 名失业青年提供"Monyetla"机会，使他们在 BPS 行业和其他经济部门获得工作经验。约 32 个财团（由雇主、培训提供者和招聘人员组成）已被选定与国家合作。

（2）持续推行 BPS 激励计划

BPS 激励计划是为了加大南非对全球 BPS 产业的参与，其目标是 2019 年，在该行业新增就业岗位约 1.8 万个。

（十）船舶制造及相关服务产业发展规划

1. 产业规划要点

1994～2014 年，共有 190 亿兰特用于为公共部门购买船只。在这些采购中，只有 9 亿兰特用于采购国内制造的船只，其余（95%）的船只是进口的。船舶的使用寿命在 25～30 年，如果只是进口船舶，就会错过在国内制造和维修船舶的机会，价值链上的乘数效应也会消失，特别是创造就业机会和磨炼工业能力的机会也将不复存在。船舶制造业在船舶制造过程中和维修时对零部件的需求方面，为其价值链提供了重要的机遇。

南非船舶制造业面临着高技能人才短缺和劳动力老龄化的问题，这需要制定紧急振兴方案，而且还面临着支持国内和国际竞争力所需的技能短缺。这个行业的重要性仍然与它的劳动密集型特征及其高就业率密切相关。

2. 关键行动计划

（1）零部件供应商发展计划

南非国内零部件供应极其薄弱，许多零部件根本没有国内供应商。该计划旨在鼓励大型私营企业与政府合作，在合作伙伴的供应链或行业内，支持、培育和发展中小型企业，以可持续的方式成为产品制造商和服务供应商。其目标是重振船舶制造业及其整个价值链，增加国内需求并培养包括普通维修和大修在内的能力。

（2）以技能为重点的竞争力提升计划

为了应对行业中的技能短缺，Phakisa 运营部基于马来西亚的"大快速成果"模式，成立了一个船舶制造技能工作组（SWG），并授权 DTI 着手制定行业技能发展路线图。根据这一授权，DTI 建议 SWG 建立一个试点项目，测试建议的技能发展计划。技能试点项目将作为 DTI、SAIMI（基金管理人）和培训机构之间的合作项目运行，于 2018 年初启动。该计划以行业为基础，重点关注技能人才培训。试点项目的资金已经得到保障。

（十一）航空航天和国防工业发展规划

1. 产业规划要点

为了发展和支持南非航空航天和国防工业的发展，使其能够向国际市场提供产品和服务，并抓住数字工业革命提供的机遇，制定一个既能确定南非航空航天工业发展潜力又能确定其弱点的框架是很重要的。南非需要确定在国内和国际市场都存在的机会，这些机会为制定战略提供基础，并支持确定市场份额有可能增长的行业领域。

南非拥有漫长的海岸线和内陆边界，因此迫切需要能够对这些地区提供必要的监测技术。雷达就是这样一种技术，与其他许多技术不同，它在南非工业中有着良好的基础，如果国家想从这一技术中获得充分的利益，就必须进一步加以培育。南非航空航天和国防工业依靠其能力来为独特的环境提供量身定制设备、组件、零部件和服务解决方案。但是南非国防预算的规模仍然停滞不前，随着人员和运营成本的增加，预算实际上已经系统地减少。

南非公司生产产品并向国际航空航天市场提供服务，其中最主要的是欧盟和美国。南非制造的产品必须获得美国联邦航空管理局（FAA，USA）和欧洲航空安全局（EASA，EU）的认证。这些认证代价高昂，大多数企业无法负担向美国和欧盟市场出口产品所需的费用。

南非工业界已确定几项技术是南非工业部门未来可持续性发展的关键。

近年来，南非国防和航空航天工业在出口市场持续增加收入。为了保持和扩大这些出口市场，需要立即建立一个工业发展园来激发该工业的增长潜力。

2. 关键行动计划

（1）商业航空航天框架

通过制定该框架，南非航空航天工业发展期望实现如下目标：

• 增加该工业对 GDP 和就业的贡献；

• 增加制成品和服务的出口；

• 更好地发展国产能力。

（2）完成和实施雷达系统国产化战略

目前，已完成雷达产业能力范围界定和采购数据收集。接下来需要进行分析，以使不同类别的技术资金和未来需求相匹配，最终加强和提升雷达系统的国产化水平，改善国内服务供应商基础和技能。

（3）开发航空和国防市场情报工具

为了增强其出口能力，该工业需要一个基于查询的交互式在线平台，该平台将跟踪非洲和全球的航空航天和国防趋势，提供有关经济和工业数据的情报，并对所选变量进行季度预测。该平台应允许用户选择所需的国家和指标，并轻松访问定制的报告。这些将有助于改善支持出口的环境，提高出口增长和新的市场渗透率。

（4）发展航空航天国家旗舰计划

航空航天部门发展计划（ASDP）建议将国家旗舰计划作为促进航空航天部门发展和加强工业增长目标的工具。根据上述计划，小型非洲区域飞机（SARA）项目被航空航天联合指导委员会（JASC）批准为国家旗舰项目。该项目符合一整套选择标准，包括产业增长刺激、产业整合潜力、研发和经济上可行以及人力资本发展机会。经济可行性研究由汉莎航空咨询集团进行，由 DTI、DPE、IDC 和 Denel 航空共同资助。汉莎航空咨询报告中指出的市场潜力包括人力资本开发（包括高科技工程岗位）、销售和出口收入、企业发展、鉴于航空航天高科技特性导致的技术溢出和对其他行业的经济乘数效应、广泛的航空运输行业利益（旅游、飞行员和机组人员培训、航空货运服务等）。

（5）实现航空航天工业高价值制造

综观南非的航空航天工业，很少有公司积极提升现有的制造能力，从而很少有公司能够利用新技术开发主流应用。南非工业界已确定将增材制造、复合材料的自动化、数字制造以及表面处理技等技术作为南非工业部门未来可持续性发展的关键。如果应用得当，这些技术有可能提高国内航空业的效率和上市速度。此外，它们还可以为航空制造商节省大量成本。一些技术还通过减少重量、材料成本和制造时间提供了竞争优势。这些好处对于本土航空制造商在全球航空业竞争至关重要。

（6）建立制造业集群和子产业发展园区

南非国防和航空航天工业在出口市场持续增加收入。为了保持和扩大这些出口市场，需要立即建立一个工业发展园来激发工业的增长潜力。该集群应为航空机械，先进制造，维护、维修和大修（MRO）能力提供有利的基础设施，既为最初的固定承租方，也为航空航天、国防和先进制造部门的一系列大小企业提供基础设施。这将包括零部件和工具的 OEM 供应商，以及相关的服务供应商和相关行业的部门（电工、金属、化工等）。通过使航空航天和国防工业供应商彼此接近，并将其定位在主要系统集成商和合作伙伴上，将南非国内该工业的子供应商整合到全球供应链中。工业发展园也将促进航空和国防领域的国产创新、新业务和出口，通过技能开发为孵化新技术和初级制造业提供机会。

（十二）电子产业发展规划

1. 产业规划要点

南非已经具备了高压开关设备的制造能力，并且在该领域具有全球竞争力。然而，近年来进口的电子产品有所增加，这是一个需要解决的问题。

发光二极管（LED）产业是世界上增长最快的产业之一。根据 SARS 提供的最新进口统计数据，2014～2016 年，南非 LED 的平均进口额为 5 亿～6 亿兰特，而且这一数字还在继续增长。国内市场由进口商主导，进口商向国内设计师和安装商提供这些产品。随着需求的增加，这些产品的价格也明显下降。

2017～2018 财政年度，DTI 与南非电子技术出口委员会、白色家电制造商论坛合作，一对一地确定供应商，以提高后者的业绩，为采购组织提供便利。其目标是改进 B-BBEE 评级、产品或服务、业务流程以及交货时间和交付程度，为供应商和买方实现总附加值的显著提高。

2. 关键行动计划

（1）国内采购高压开关设备

南非开关设备的制造能力涵盖了低压、中压和高压三个主要应用领域。这些物品的最大采购者为国有企业，国产化率超过 60%。虽然也有其他买家（如矿业公司），但该产品主要的消费者仍然是政府。

根据初步研究，该产业在生产方面直接雇用了 3000 多人，而在下游维修、安装和支持方面的就业人数约为 5000 人。这属于劳动密集型的工作，并对钢铁、铜、电子和电气产品等其他产业做出了直接贡献。

该行动计划的目的是确保国家作为主要买家，采购国内生产的高压开关设备。这也是为了促进在组装和制造部件方面以供应南非和区域市场为主的直接投资。通过该行动计划为国内组装商和合同制造商提供一个可持续的市场，增加国内生产设备的附加值，并进一步替代进口。

（2）LED 照明的国产化

从政策的角度来看，南非正在推动能源效率计划，例如实施冰箱设备标签，以鼓励能源的有效利用。LED 可以节省成本，延长产品寿命，并且可以被看作下一代技术发展的一部分。市政当局正着手发展 LED 路灯、工业照明应用、办公照明等。这些设备的支柱在于电子制造业，而南非有能力制造这些设备。LED 照明产业已经为国产化计划做好了准备，这将推动该行业转型并发展成为一个成熟的制造业。

公共工程部的任务是保管和管理所有国家政府固定资产。它采购的许多产品来自电子技术行业，包括 LED 照明、空调、火灾烟雾探测、电梯和发电机。

LED 照明的发展具有以下潜在的机会：

• 公共工程部和市政府采购了大量此类产品，用于各种用途，例如建筑和街道照明；

• 由于可承受性的提高，LED 的公共支出预计将增加；

• 具备足够的电子制造和组装能力，能够维持国内对 LED 照明控制印刷电路板（PCBs）数量的需求；

- 全球对 LED 产品的需求不断增长，涉及汽车、家电等多个行业。

南非力争培养出具有竞争力的国内 LED 生产部门。这反过来将有助于该产业的国内制造和设计，推动出口，并在国家采购的支持下，成为吸引全球领先制造商进入该行业的杠杆。

（3）白色家电产业集群全面铺开

2017～2018 财政年度，DTI 与南非电子技术出口委员会、白色家电制造商论坛合作，建立该产业领域的中小企业发展战略，使它们能够进入竞争市场并参与出口价值链。同时，鼓励建立产业集群并通过行业和 DTI 的货币及非货币支持，为新兴零部件制造商提供支持，从而使南非白色家电产业更具竞争力。

第二章
南非学校后教育体系

一 南非教育的基本背景

（一）南非教育的国家背景

有彩虹之国美誉的南非共和国，自1994年结束种族隔离政策后，国内外政治与经济情势发生巨大改变：国内种族关系由紧张趋缓，而国际社会也重新接纳南非。随后南非以非洲大陆大国的姿态，积极参与国际事务。2010年南非成功主办了世界杯足球赛，随后又成为金砖国家一员，其在国际上的活跃表现为世界各国瞩目。世界金融危机发生以后，南非被列为"全球二十大国"（G20）之一，日渐在国际社会中扮演更为积极的角色。

南非种族较为复杂，其中黑人约占79.6%，是主要种族，但黑人之中又因语言与族群复杂而歧异极大。此外，白人占9.1%、有色人种占8.9%，亚裔占2.5%。亚裔主要是印度人和华人。南非目前的官方语言共有11种，荷兰语与英语是其主要语言，另有祖鲁语（Zulu）、科萨语（Xhosa）、斯瓦第语（Swati）、恩德贝列语（Ndebele）、北索托语（Northern Sotho）、南索托语（Southern Sotho）、聪加语（Tsonga）、茨瓦纳语（Tswana）、文达语（Venda）等9种语言。

南非是一个中等收入国家，其国内生产总值的5%被用于教育。① 在

---

① Department of Education. *Education For All – 2005 Country Status Report*：SOUTH AFRICA ［R］. Pretoria：Department of Education，2005：1.

1994 年南非第一次民主选举之前，南非的教育体系分散且种族分裂。歧视某些种族群体的种族隔离政策导致教育在种族和地区存在极端的不平等。

经过数十年的斗争，至 20 世纪 90 年代初，通过漫长的谈判进程，一个多党制的民主南非诞生了，并且根据民主和人权原则起草了《临时宪法》。南非第一次民主选举于 1994 年举行，最终形成了由南非非洲人国民大会领导的民族团结政府。

1996 年通过的《南非宪法》为整个公共部门的政策整合提供了基础，该宪法规定："教育是一项基本人权。人人有权接受基础教育（包括成人基础教育），不受任何歧视。"南非通过建立新的教育法律和政策框架，积极地解决种族与文化隔离和差异化制度遗留下来的问题。

（二）南非教育的发展历程

因长期实行种族隔离的教育制度，在南非，黑人受教育机会远远少于白人。南非新政府成立后，制定了专门针对该国青年和成年人学习需求的政策。1994 年，成立了南非"高等教育委员会"（Council on Higher Education，CHE），这是南非高等教育改革的重要里程碑。该委员会是一个独立的机构，直接向南非教育部负责，承担全国高等教育政策的拟定与确保全国高等教育质量的重大责任。1995 年 1 月，南非正式对 7～15 岁少年儿童实施免费义务教育，并废除了种族隔离时代的教科书。若南非儿童正常年龄入学，且在无复读的情况下，则 15 岁正好能够完成九年制的学校教育。但是较为常见的复读现象和儿童超龄入学问题，使得相当一部分少年在 15 岁时并未能升入九年级。

1995 年 10 月，《南非资格认证局法》颁布，随后在 1996 年，南非资格认证局（SAQA）成立，负责监督国家资格框架的建立。SAQA 的作用是建立标准质量保证系统和管理信息系统，以支持国家资格框架（NQF），包括确保在国家资格框架内注册的标准和资格在一系列教育机构中具有国际可比性和一致性。

1998 年和 1999 年，南非相继出台了《技能开发法》和《技能开发税法》。前者规定了技能培训的类型和规则，建立了以国家技能局（National skills Authority）、行业教育与培训署（Sector Education and Training Authorities）

和国家技能基金会（National skills fund）为核心的技能培训管理和推动体系；而后者则确立了国家技能税的征收与使用规则。

2001年和2005年，劳动部还相继出台了两个技能开发战略，作为人力资源发展战略的支撑。前期的努力为南非职业技能教育体系深化改革奠定了基础，然而，尽管有国家资格框架的制度设计在前，教育部与劳动部之间也建有协作机制，并且两个部门还共同推动了首个国家人力资源发展战略的制定，但是普通职业教育与培训体系和岗位技能培训体系始终没有能够实现很好的互通，也没有建立起可靠的协作关系。

2009年，祖玛政府上台后启动了大规模的政府机构改革，原来的教育部被分拆为基础教育部、高等教育与培训部。由此，南非的教育与培训体系被分成了有机联系的两个部分，即由基础教育部管理的作为升学与就业基础的学校教育和由高等教育与培训部管理的贯通升学与就业的连接教育与培训，综合职前与职后发展，混合了远程教育、普通面授和在岗技能培训等各类正规、非正规教育形式的学校后教育。①

这次改革所带来的不仅仅是部门职能上的变化，更具意义的是令教育管理部门能够直接触碰劳动力市场的脉搏，并且把一部分部际协调的任务转变成部内协调，有利于明确责任，推动人力资源发展战略的进一步整合。

高等教育与培训部成立后，南非在2010年相继召开了高等教育、继续教育与培训、技能开发三个会议，并于2012年形成了《学校后教育与培训绿皮书》，致力于建立一个"统一、协调、多样化，且高度互通的学校后教育与培训体系"。这意味着南非的教育体系沿着学校教育和学校后教育这两条线进行了重新规划。

随着教育部职能的重组、新技能开发战略和人力资源发展战略的制定、学校后教育协同发展格局的逐步形成，以及国家资格框架体系的完善，祖玛执政以来，南非政府围绕职业与技能教育的管理、结构和规模推进了一系列深入的改革。

---

① 王琳璞、毛锡龙、张屹：《南非教育战略研究》，浙江教育出版社，2014，第106页。

（三）南非教育的国家资格框架

根据 1995 年颁布的《教育与培训白皮书》，南非教育部提出了通过教育与培训的发展以及服务人力资源战略的制定，推动国家重建与发展的总体思路。白皮书指出，要打破教育（学术道路）与培训（职业道路）之间不必要的人为隔阂，实现整合式的发展，必须依靠国家资格框架的建设。框架的发展将建立在跨部门合作和多方参与的基础之上，由南非资格认证局进行主导。

2008 年颁布的《国家资格框架法》，基本厘清了国家资格框架体系内部的关系，即由普通和继续教育与培训质量委员会（Council for Quality Assurance in General and Further Education and Training，CQAGFET）负责的普通和继续教育与培训资格子框架（General and Further Education and Training Quality Sub-Framework，GFETQSF）、由高等教育委员会（Council on Higher Education，CHE）负责的高等教育资格子框架（Higher Education Quality Sub-Framework，HEQSF）和由行业与职业教育质量委员会（Quality Council for Trades and Occupations，QCTO）负责的行业与职业教育资格子框架（Occupations Quality Sub-Framework，OQSF）这三者共同构成，奠定了由南非资格认证局统一协调的、全国唯一的国家资格框架这一模式的基础。

国家资格框架构建了一个无缝衔接的体系，包括幼儿发展（ECD）、普通教育与培训（GET①）、成人教育和培训（ABET）、继续教育与培训（FET）以及高等教育（HE）。它们之间通过国家资格框架实现无缝衔接。

国家资格框架有 10 个级别，高等教育与培训阶段占其 6 个等级，即 5 ~ 10 级（其中 5 ~ 8 级是本科生，9 ~ 10 级是研究生）。普通教育与培训包括一至九年级的学习者，以及同等的成人基础教育资格。继续教育与培训（FET）则包括十至十二年级的学校教育、校外青年和成人学习者。技术培训学校、青年学院和社区学院，以及一系列其他行业和非正规机构也属于 FET 层次（见表 2 - 1）。

---

① General Education and Training（GET）：普通教育与培训，所有学习和培训课程均获得国家资格框架 1 级资格。

表 2 – 1　国家资格框架（NQF）

国家资格框架（由 SAQA 负责管理）					
级别	子框架和资格类型				
10	H E Q S F（由 CHE 负责管理）	高等教育与培训阶段	博士学位 博士学位（职业）		O Q S F（由 QCTO 负责管理）
9			硕士学位 硕士学位（职业）		
8			荣誉学士学位 大学后文凭 学士学位（480 学分）	职业证书 8 级（OC L8）	
7			学士学位（360 学分） 进阶文凭	职业证书 7 级（OC L7）	
6			文凭/进阶证书	职业证书 6 级（OC L6）	
5			高等证书	职业证书 5 级（OC L5）	
4	G F E T Q S F（由 CQAGFET 负责管理）	继续教育与培训阶段	国家证书	职业证书 4 级（OC L4）	
3			中级证书	职业证书 3 级（OC L3）	
2			初级证书	职业证书 2 级（OC L2）	
1		普通教育与培训阶段	普通教育证书	高级阶段 ABET 4 级（L4） 中间阶段 ABET 3 级（L3） 基础阶段 ABET 2 级（L2） 学前教育/幼儿发展 ABET 1 级（L1）	职业证书 1 级（OC L1）	

资料来源：Department of Higher Education and Training. *Register of Private Higher Education Institutions* [R]. Pretoria：Department of Higher Education and Training, 2019：2 – 4. 南非政府公报第 578 卷，第 36721 号（2013 年 8 月 2 日）。

国家资格框架连接起学校教育与学校后教育，推动学习者在不同教育阶段和教育类型之间流动，在教育与就业状态之间进行灵活转换。从理论上而言，从基础教育到高等教育、从学术类教育到职业技能类培训的整个教育与培训体系都已被纳入国家资格框架体系中。

南非的国家资格框架有以下几个特点。①

1. 教育与培训的整合

教育与培训的整合是国家资格框架的最大特点，其意义在于需要用统一的观点来看待概念性知识和应用知识，表明在课堂学习和工作场所之间必须建立沟通，学习者和工作者可以相互转换角色，以此纠正过去在教育、培训和技能发展方面的机会不平等，通过技能发展和就业公平来克服过去工作场所的歧视现象。教育与培训的整合方式和以学习成果的学分系统为基础的国家资格框架，鼓励对课程进行创造性设计，承认先前的学习成绩，不论是在何处接受的学习和培训。先前学习经过适当的评价，按照《先前学习认可政策》的条款给予承认。

2. 重视以工作为基础的学习

一方面，国家资格框架是综合性质的，避免过分强调一种学习形式而低估另一种形式。另一方面，教育与培训的整合方式也不能模糊不同学习形式之间的区别，以及不同学习形式对整个教育与培训体系的独特贡献。普通和继续教育与培训质量委员会、高等教育委员会、行业与职业教育质量委员会共同构成国家资格框架的三个质量控制结构。行业与职业教育质量委员会的职能是促进关于行业、职业和专业领域知识、技能和能力的发展，扩展教育与培训的传统理念，负责制定所有以工作为基础的能力标准和质量保障。

3. 强调学习的多样化

有关政策文献特别强调不同资格之间在目的方面的区别，如有一些资格被院校所承认，是继续学业的前提；而有一些资格只是对职业能力的认可。不同目的的资格需要不同的学习形式、不同的传授方式和不同的评价手段。

4. 以技能提高为优先领域

教育、培训和技能发展是南非政府《南非加速与共享增长计划》（AS-GISA）的关键目标。技能发展作为南非的一项重要战略在第二个《国家技能开发战略》中有详细的阐述，该战略得到行业教育培训署和国家技能基金的资助。新的战略规划扩大了对学习者的资助范围，包括奖学金、实习、

---

① 顾建新、牛长松、王琳璞：《南非高等教育研究》，中国社会科学出版社，2010，第86页。

见习、助学金、工作场所的体验学习和技能提高项目等。

5. 国家资格框架的作用

在南非教育改革与发展的战略体系之中，国家资格框架的建设是核心的支撑，它从四个方面发挥了基础性的作用。①

其一，资格框架纵向贯穿了教育与培训的各个阶段，横向连接了人才的培养与劳动力市场对人才规格和水平的要求，为打通升学与就业的通道、建立终身教育体系奠定了基础。

其二，在教育分权与开放教育市场的南非，资格框架统一了教育与培训的质量标准，为规范办学、提高教育质量提供了依据。

其三，结果导向的资格体系，以及先前学习认证制度的采用，为教育与培训方式的多样化奠定了基础，为南非大量存在的辍学生以及因为历史或者现实的问题无法正常求学的学习者在时间和费用上以较为经济的方式获得教育与技能提升创造了条件，因而具有推进教育公平与全民教育的特殊意义。

其四，以广泛的社会和行业参与的方式进行资格标准的制定，为引导教育与培训面向市场、提高人才培养的有效性提供了支撑。

国家资格框架并非南非首创，但是能够以此为核心全面进行教育体系改造的案例则不多见。

二 南非的学校后教育概况

"学校后"这个概念本身就反映了南非这个仍然在与种族隔离教育的历史后果做斗争的社会所面临的独特挑战。在南非，有太多的成年人从未接受过任何形式的学校教育，过去从没有任何机会让他们去实现自己的潜能，有太多的年轻人手里没有任何一张"学校毕业证书"。

人力资源发展战略的优先方向之一就是要确保所有的成年人（无论是否已经就业）都能获得接受教育与培训的机会，让他们至少能够达到国家资格框架的第 4 级水平，确保逐步提高高等教育、继续教育与培训以及职业

---

① 王琳璞、毛锡龙、张屹：《南非教育战略研究》，浙江教育出版社，2014，第 196 页。

教育体系的外部效率和有效性。

在人力资源发展战略下，南非整个的教育与培训体系被划分为实施普通基础教育的学校教育体系和直接以就业与高层次人才培养为指向的学校后教育体系两个部分。

在学校教育阶段，学生学完九年级，即达到了国家资格框架的第一级（NQF1）。从十年级开始，每一年对应国家资格框架中的一个级别，而如果能够学完十二年级并且通过国家高级证书考试（NSC），就达到了国家资格框架的第四级（NQF4），也就是高中毕业水平。

实际上，从十年级开始，南非学生的辍学率快速上升，有相当一部分学生最终无法达到 NQF4 水平，也就无缘国家高级证书。但是在国家资格框架下，他们已经完成的那部分学业可以被记录下来。尽管没有证书，但是分别学完十年级和十一年级的学生，可以分别被承认达到 NQF2 和 NQF3 的水平。这对于他们今后重拾课本或是转向其他类型的教育与培训项目有所帮助。①

南非学校后教育的类型和层次多种多样，涵盖除了 R 年级至十二年级的学校教育和婴幼儿保教之外所有类型和层次的教育与培训。涉及普通职业教育、技能教育与培训、成人教育与培训、中等后和高等教育，甚至包括在继续教育与培训学院里提供的部分普通中等教育项目，贯穿了国家资格框架 NQF1 的普通教育与培训阶段，NQF2～NQF4 的继续教育与培训阶段，及至 NQF5～NQF10 的中等后及高等教育阶段。当然，在学校后教育体系中，与国家资格框架 NQF1 有关的项目主要是一些与成人教育与培训有关的项目。②

简而言之，"学校后教育包括了面向已经完成学校教育（九年级毕业或十二年级毕业）、没有能够完成学校教育（因为各种原因辍学）和那些从没有接受过学校教育的人所开设的一切教育与培训项目"。

南非的学校后教育与培训（PSET）主要分为四大类：公立（HEI）和私立（PHEI）高等教育机构、职业技术教育与培训学院（TVET）、社区教育与培训学院（CET）以及私立学院。

---

① 王琳璞、毛锡龙、张屹：《南非教育战略研究》，浙江教育出版社，2014，第 108 页。
② 王琳璞、毛锡龙、张屹：《南非教育战略研究》，浙江教育出版社，2014，第 109 页。

截至 2017 年底，南非共有 478 个学校后教育与培训机构，包括 26 所公立高等教育机构和 125 所私立高等教育机构、50 所职业技术教育与培训学院、9 所社区教育与培训学院以及 268 所注册私立学院。①

2017 年公立高等教育机构招收了 103.6 万名学生，私立高等教育机构招收了 18.5 万名学生，职业技术教育与培训学院招收了 68.8 万名学生。有 25.8 万名学生就读社区教育与培训学院，18.7 万名学生进入私立大学学习。学校后教育与培训系统 2017 年合计招生 235 万人左右。②

三　南非的学校后教育管理机制

如前所述，南非高等教育与培训部全面负责各类学校后教育与培训机构，负责监督国家资格框架、南非资格认证局和三个质量委员会（高等教育委员会、行业与职业教育质量委员会、普通和继续教育与培训质量委员会）。

高等教育与培训部旨在提高学校后教育与培训系统的能力，以满足本国的技能发展需求。该部门的职能和目标如下：

- 加快实现经济增长和社会发展所需的关键技能的培训速度；
- 为越来越多在学校系统之外寻求教育和培训的年轻人和成年人提供服务；
- 提供学习系统的替代切入点和途径；
- 提供高质量的学习内容，无论在哪里学习（无论在学校还是在工作场所）；
- 提供各种学习网站的简便途径。

高等教育与培训部的管辖范围包括 26 所公立高等教育机构、50 所职业技术教育与培训学院、9 所社区教育与培训学院以及 26 个公共实体。

这 26 个公共实体是指：21 个行业教育培训署以及国家技能基金、行业与职业教育质量委员会、国家学生资助计划（NSFAS）、南非资格认证局和

① Department of Higher Education and Training. *Statistics on Post-School Education and training in South Africa*：2017［R］．Pretoria：Department of Higher Education and Training，2019：3.

② Department of Higher Education and Training. *Statistics on Post-School Education and training in South Africa*：2017［R］．Pretoria：Department of Higher Education and Training，2019：3.

高等教育委员会。

南非既有的职业与技能教育格局最显著的特点是学校职业教育与技能培训的双轨制。

学校职业教育在顶层，主要由大学来承担，而大学层次以下的公立职业教育主要由遍布全国的 50 所职业技术教育与培训学院承担。职业技术教育与培训学院开设的教育项目主要有两类：国家证书课程系列（NATED，简称 N 系列），以及 2007 年推出的国家职业教育证书课程系列［NC（V）］。前者是学徒教育的课程学习环节，而后者从理论上讲既可以通向升学，也可以通向就业。除教育部门外，还有一小部分隶属于其他政府部门的公立技术学院也在提供学校职业教育。[1]

南非共有 12 所大学开展职业教育。其中，6 所综合性大学分别为纳尔逊·曼德拉大学、沃尔特·西苏鲁大学、文达大学、祖鲁兰德大学、姆普马兰加大学和南非大学；6 所技术大学分别为自由州中央科技大学、德班科技大学、茨瓦内科技大学、开普半岛科技大学、瓦尔科技大学以及曼古苏图科技大学。

南非的中等职业技术教育包括由职业技术教育与培训学院实施的学校职业教育和由行业教育培训署牵头的包括工作学习教育（含学徒教育）在内的长期项目与短期培训。正规的技能培训统称为学习项目（Learning Program），包括获取部分职业资格的短期技能项目和通向完整职业资格的学徒教育与工作学习教育。短期技能项目类型较为多样，譬如未就业的继续教育学院毕业生去雇主那里寻求积累工作经验的岗位实习就是其中的一种。两种通向完整职业资格的学习项目都涉及实际的岗位工作和系统的理论学习两个环节。

工作学习教育包括学徒教育，期限不等，学成后均可获得在南非国家资格框架中正式注册的相应资格。奖学金（Bursary）、实习（Intership）和技能培训（Skills Program）都是短期的培训项目，单凭这些项目不能获得完整的资格，需要叠加其他的培训环节，满足一定的条件后才能获得相应的资格。

---

① 王琳璞、毛锡龙、张屹：《南非教育战略研究》，浙江教育出版社，2014，第 137～138 页。

私营教育与培训机构在大学及以上层次的职业教育中影响较小，因为私立高校规模较小，质量总体不佳，并且仅限于商业、教育和健康科学领域。但在大学层次以下的职业教育与技能培训领域，由于公立继续教育学院竞争乏力（2006 年才完成改组）以及技能税的慷慨资助，私营教育与培训机构获得了较大的发展空间。南非政府将此类机构视作可以利用的资源，但是改革的重点仍落在机制的完善和公立教育与培训机构上面。①

四　南非的公立高等教育机构

（一）公立高等教育机构概述

"高等教育"是指所有学习计划都能达到符合高等教育资格子框架要求的资格。高等教育机构旨在履行国家发展计划中概述的以下三项职能：

- 教育和培养具备高级技能的人员，以满足公共和私营部门的就业需求；

- 产生新知识并评估和发现现有知识的新应用；

- 提供社会流动机会，同时加强公平、社会正义和民主，以应对种族隔离制度带来的不公正待遇。

南非的公立高等教育机构由 26 所大学组成，分别为 11 所普通学术大学、9 所综合性大学和 6 所科技大学。这 26 所大学名单附后（见附件 1）。

南非高等教育实行宽进严出制度，要取得学位须经过严格的论文评审。南非高校所颁发的证书首先有"毕业文凭"（Certificate or Diploma），一般在高等校院就读 2~3 年即可获得毕业文凭。毕业文凭之上还有高级证书与第一证书。其次是"学士学位"（Bachelor），依课程不同，一般修读 3~6 年大学课程即可获颁学士学位。而在学士学位中则存在专业学位与一般学位之别。取得学士学位后，继续学习一年取得"荣誉学士学位"（Honor's Degree），相当于研究生阶段的学位，具有过渡性质，但不同于硕士，对应于国家资格框架中的 7 级水平。其他国家在大学颁发"荣誉学士学位"的比较少见。同样被认为相当于研究生阶段的学士学位还有教育学学士、法

---

① 王琳璞、毛锡龙、张屹：《南非教育战略研究》，浙江教育出版社，2014，第 138 页。

学学士和神学学士学位。① 取得"荣誉学士学位"是攻读硕士的必要条件，在此基础上再经过 1~2 年的学习，即可取得硕士学位。取得硕士学位后，至少需要再经过两年的学习，才能获得博士学位。

（二）公立高等教育机构的教育情况

2017 年，公立和私立高校的招生总数为 122.2 万人，与 2016 年的招生总数（114.3 万人）相比增加了 6.9%。2017 年，在 1222030 名就读高校的学生中，有 3/4 以上的学生就读于公立高校（84.9%，1036984 人），而就读私立高校中的学生则较少（15.1%，185046 人）（见图 2-1）。

图 2-1　2010~2017 年公立和私立高校招生人数

资料来源：Department of Higher Education and Training. *Statistics on Post-School Education and training in South Africa*：2017［R］. Pretoria：Department of Higher Education and Training，2019。（以下简称 SPETSA2017）

通过面授学习模式注册的学生在总注册人数中的比例一直高于通过远程学习模式注册的学生。② 2017 年，公立高校中通过面授学习模式入学的学生比例为 63.6%，而通过远程学习模式入学的学生为 36.4%。2014~2016 年，通过远程学习模式注册的学生数量呈下降趋势，而通过面授学习模式

---

① 顾建新、牛长松、王琳璞：《南非高等教育研究》，中国社会科学出版社，2010，第 16 页。

② 面授（Contact）学习模式包括与讲师或主管的个人互动，特别是通过机构所在地的讲座、研讨会和实践。远程（Distance）学习模式包括通过远程教育技术，例如书面函授、远程信息处理、通过互联网与讲师或主管互动等。

注册的学生数量则呈上升趋势。2016～2017年，各种学习模式的学生入学率都有所增长，其中远程学习模式的录取人数增长最多，而面授学习模式录取的人数增长最少（见图2-2）。

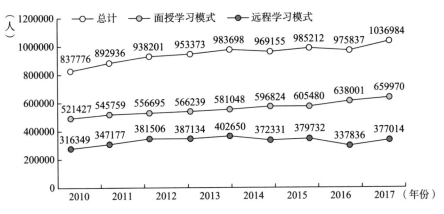

图2-2 2010～2017年按学习方式划分的公立高校学生数
资料来源：SPETSA2017。

2017年，就读公立高校的学生中女生所占比例最高（58.5%），而男生为41.5%。公立高校的面授学习模式和远程学习模式均以女生为主（分别为54.2%和66.1%）。远程学习模式的性别差异最大，约2/3的学生是女生（66.1%），男生的比例仅1/3（33.9%）（见图2-3）。

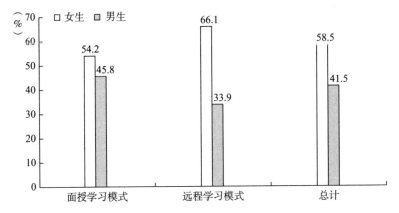

图2-3 2017年公立高校按性别和学习模式划分的学生入学率
资料来源：SPETSA2017。

2017 年，进入公立高校的学生中，近 3/4 是非洲人（73.7%），其次是白人学生（14.3%）、有色人种学生和印裔/亚裔学生（4.8%）。性别差异最大的是非洲人口群体，女生的入学人数比男性多 130138 人，而印裔/亚裔人口群体的性别差异则最小（女性比男性多 9905 人）（见表 2-2）。

表 2-2　2017 年按学习方式、人群和性别划分的公立高校学生数

单位：人

| 人群 | 面授学习模式 | | | 远程学习模式 | | | 总计 | | | |
	女生	男生	无信息	女生	男生	无信息	女生	男生	无信息	总计
非洲人	258989	221179	12	187957	95629	1	446946	316808	13	763767
有色人种	26085	17297	2	14654	6734	0	40739	24031	2	64772
印裔/亚裔	16006	13503	0	14012	6610	0	30018	20113	0	50131
白人	52509	46607	2	31665	18019	0	84174	64626	2	148802
无信息	4036	3739	4	985	748	0	5021	4487	4	9512
总计	357625	302325	20	249273	127740	1	606898	430065	21	1036984

资料来源：SPETSA2017。

2017 年公立高校招生人数最多的是科学、工程和技术学科，其次是商业和管理学及其他人文学科，而教育学科招收的人数最少。与 2009 年相比，2017 年所有学科领域的入学人数都有所增加，其中科学、工程和技术学科的学习人数增加最多，而其他人文学科的学习人数则增加最少。

2013 年之前，大多数学生选择进入商业和管理专业学习。但是从 2013 年开始，有更多的学生报考科学、工程和技术学科。2009～2017 年，教育学科的学生入学率最低。但是，在这九年的时间里，该学科领域的入学人数增加了 41.9%（见图 2-4）。

从招生情况来看，科学、工程和技术学科占 2017 年公立高校总招生人数的 29.9%，紧随其后的是商业和管理学（26.9%）、其他人文学科（24.4%）和教育领域（18.8%）（见图 2-5）。

2017 年，公立高校的大多数学生攻读本科学位，其次是本科证书和文凭，以及硕士以下的研究生。2009～2017 年，所有资格类别的入学学生数均呈上升趋势，但本科证书和文凭以及临时就读的学生除外。

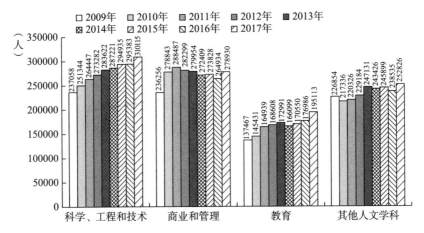

图 2 - 4 2009～2017 年按主要专业划分的公立高校招生人数

注 1：SET 专业是指科学、工程和技术专业。这些专业包括工程、健康科学、生命科学、物理科学、计算机科学和数学科学。

注 2：商业和管理专业包括会计、管理专业以及所有其他与商业相关的专业，例如市场营销。

资料来源：SPETSA2017。

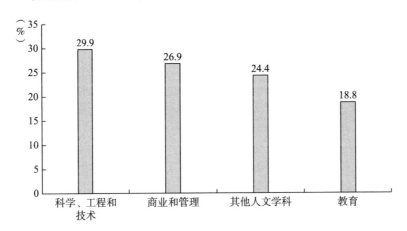

图 2 - 5 2017 年按主要专业划分的公立高校招生人数占比

资料来源：SPETSA2017。

2009～2017 年，攻读博士学位的学生人数增加了一倍以上（114.4%），本科学位（37.2%）、硕士以下的研究生和硕士学位也有所增加。同期，临时就读学生、本科证书和文凭的入学人数分别下降了 12.8%、1%（见图 2 - 6）。

2017 年，公立高校的学生中有超过一半的学生攻读了本科学位（53.6%），

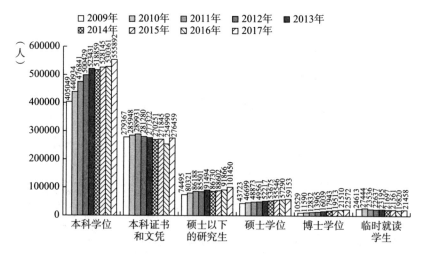

图2-6 2009~2017年按学历类型划分的公立高校招生人数
资料来源：SPETSA2017。

超过1/4的学生攻读了本科证书和文凭（26.7%），而临时就读的学生较少，只占2.1%（见图2-7）。

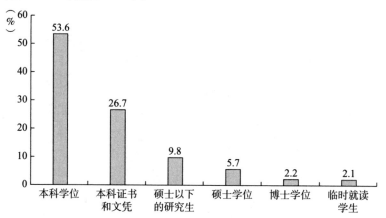

图2-7 2017年按资格类型划分的公立高校招生人数占比
资料来源：SPETSA2017。

2017年，首次进入公立高校的学生总数为193282人，占总注册人数的18.6%。与2016年首次入学的学生人数相比，增长21.6%。2009~2017年，首次入学的公立高校学生数一直相当稳定，九年间增长了17.5%（见图2-8）。

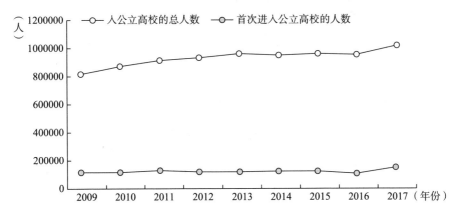

图 2 – 8 2009~2017 年首次进入公立高校的本科生人数

资料来源：SPETSA2017。

如表 2 – 3 所示，2017 年，进入公立高校的外国学生总数为 67434 人，占 2017 年总入学率的 6.5%。外国学生占比最高的是津巴布韦（38.3%，25859 人），而刚果共和国的学生占比最低（1.4%，967 人）。

一半以上的外国学生是通过面授学习模式录取的（60.4%），而 39.6% 的外国学生是通过远程学习模式录取的。通过面授学习方式注册的外国学生中，约 1/3 注册了本科学位（33.0%），紧随其后的是硕士学位（22.5%）和博士学位（19.2%）。在通过远程学习模式入学的学生中，超过一半的人攻读了本科学位（55.2%）。

2017 年，公立高校的全日制等效（FTE）学生[①]总数为 731602 人，其中 514766 人（70.4%）通过面授学习模式注册，只有 216836 人（29.6%）通过远程学习模式注册。在通过远程学习模式入学的学生中，超过 1/3 的全日制学生是在其他人文学科领域学习的（36.3%，78721 人）。全日制等效（FTE）入学人数最多的是其他人文学科（224212 人，30.6%），其次是科学、工程和技术专业（220417 人，30.1%）（见图 2 – 9）。

2017 年，公立高校共有 8004 名（0.8%）学生报称有残疾，且在这部

---

① Full-Time Equivalent（FTE）student：全日制等效（FTE）学生。学校后教育与培训机构的学生，参加完整学年的学术课程，并注册参加该课程的所有课程。例如，如果学生只完成全年学术课程所需的一半课程，那么他/她将被算作 0.5 名 FTE 学生；如果学生完成比标准全年课程所要求的课程多 20%，那么他/她将被算作 1.2 名 FTE 学生。

表 2-3　2017 年按国家、学习方式和资格类型划分的公立高校外国留学生人数

单位：人

国家	面授学习模式							远程学习模式							总计
	临时就读	本科证书和文凭	本科学位	硕士以下学位	硕士学位	博士学位	总计	临时就读	本科证书和文凭	本科学位	硕士以下学位	硕士学位	博士学位	总计	总计
津巴布韦	49	555	5044	801	2543	2152	11144	476	2266	9401	1680	570	322	14715	25859
纳米比亚	27	218	1106	424	718	175	2668	39	863	621	1138	122	30	2813	5481
尼日利亚	28	230	339	176	836	1533	3142	53	116	429	128	84	79	889	4031
刚果民主共和国	21	1728	731	87	285	109	2961	55	240	302	64	38	19	718	3679
莱索托	19	495	1200	253	540	205	2712	39	170	400	125	41	12	787	3499
斯威士兰	14	416	910	107	308	138	1893	45	196	985	215	109	19	1569	3462
赞比亚	10	73	332	71	341	229	1056	15	65	384	43	41	29	577	1633
博茨瓦纳	11	33	360	91	319	141	955	14	86	478	43	29	19	669	1624
肯尼亚	10	20	291	67	293	399	1080	12	6	108	23	51	41	241	1321
刚果共和国	7	285	196	31	105	82	706	17	81	128	26	6	3	261	967
其他国家	1884	1343	2949	719	2868	2647	12410	136	441	1519	482	241	649	3468	15878
总计	2080	5396	13458	2827	9156	7810	40727	901	4530	14755	3967	1332	1222	26707	67434

资料来源：SPETSA2017。

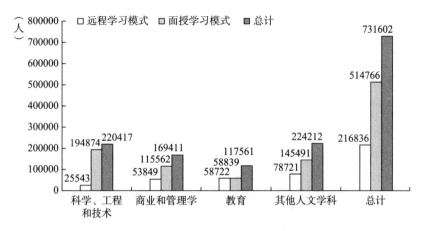

图 2 - 9　2017 年按学习方式和主要研究领域划分的公立高校全日制等效学生入学人数
资料来源：SPETSA2017。

分学生中男女比例相似，分别为 52.0%（4161 人）和 48.0%（3842 人）。约 1/4 的学生报告说有身体残疾（25.7%，2059 人），而 23.4%（1869 人）有视力障碍。报告有多重残疾的学生比例较小（1.0%，77 人）。还应注意的是，智力残疾学生的性别差异最大，有这种残疾的男生较女生多 240 人（见表 2 - 4）。

表 2 - 4　2017 年按主要残疾类型和性别划分的公立高校学生人数

单位：人

残疾类型	女生	男生	无信息	总计
交流（说、听）	50	123	0	173
情绪（行为或心理）	282	194	1	477
听觉（即使戴助听器）	324	274	0	598
智力（学习困难）	483	723	0	1206
多重残疾	47	30	0	77
身体（运动、站立抓握）	1121	938	0	2059
视觉	1009	860	0	1869
残疾但未指明	845	700	0	1545
总计	4161	3842	1	8004

资料来源：SPETSA2017。

图 2 - 10 表明，2017 年，公立高校主要专业的毕业生总数为 210931 人，这是 2009～2017 年中毕业生人数最多的。2017 年，科学、工程和技术

专业的毕业生人数最多（61581 人，29.2%），其次是商业和管理（57772人，27.4%）、其他人文学科（47144 人，22.4%），而教育专业的毕业生人数最少（44434 人，21.1%）。

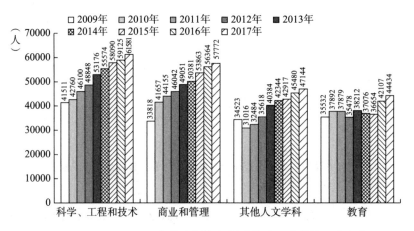

图 2-10　2009~2017 年按主要专业划分的公立高校毕业生人数
资料来源：SPETSA2017。

与 2016 年相比，2017 年的毕业生增加了 7855 名，增长了 3.9%，其中科学、工程和技术专业人数增加最多（2456 人），其次是教育（2327 人）、其他人文学科专业（1664 人）和商业与管理专业（1408 人）。

2009~2017 年，公立高校的毕业生人数呈增长趋势，增长了 45.1%（65547 人）。在报告所述期间，所有主要研究领域的毕业生人数都有所增加，其中商业和管理专业毕业生的增长率最高（70.8%，23954 人），其次是科学、工程和技术（48.3%，20070 人）、其他人文学科（36.6%，12621人）和教育（25.1%，8902 人）。

如图 2-11 所示，2017 年，公立高校的毕业生中几乎有一半是本科学位（45.6%，96120 人），其次是本科证书和文凭（26.3%，55426 人）以及硕士以下的研究生（20.6%，43377 人）。2017 年，硕士和博士学位的毕业生人数分别为 12951 人和 3057 人，与 2016 年相比有所增加。

2009~2017 年，所有学历类型的毕业生人数都有所增加，其中博士学位的增幅最大（121.5%，1677 人），其次是本科学位的毕业生（68.1%，38929 人），而本科证书和文凭毕业生的增幅最低（6.3%，3274 人）。

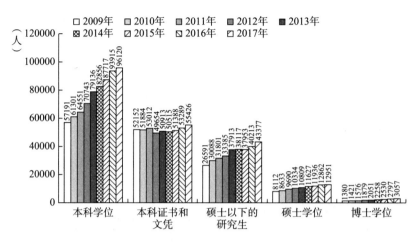

图2-11　2009~2017年按学历类型划分的公立高校毕业生人数
资料来源：SPETSA2017。

如图2-12所示，2017年数据显示，硕士以下的研究生毕业率最高（42.8%），博士学位的毕业率最低（13.5%），而硕士学位、本科证书和文凭、本科学位的毕业率相近。

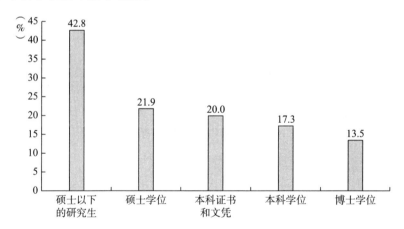

图2-12　2017年按资格类别划分的公立高校平均毕业率
资料来源：SPETSA2017。

2017年，通过面授学习模式注册的学生的本科平均成功率为82.1%，其中白人、印裔/亚裔和有色人种学生（简称有色学生）的本科平均成功率高于平均水平（分别为89.3%、85.7%和83.0%），而非洲学生的本科平均成功率最低（80.5%）（见图2-13）。超过一半的大学（53.8%）报告的面授学习模式本科成功率高于平均水平。

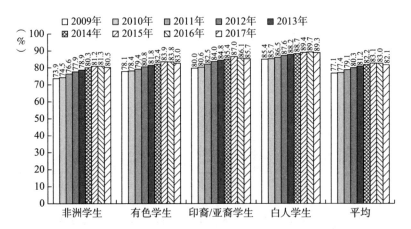

图 2 – 13 2009～2017 年按人口群体划分的面授学习模式的公立本科平均成功率
资料来源：SPETSA2017。

2016～2017 年，学生面授学习模式的平均成功率下降了 0.9 个百分点，其中有色学生和非洲学生的下降幅度最大（均为 0.8 个百分点），而印裔/亚裔学生和白人学生的下降幅度最小（均为 0.4 个百分点）。

2009～2017 年，所有人群的本科成功率都有上升的趋势，本科平均成功率在同一时期增加了 5 个百分点。尽管非洲学生的本科成功率在上述期间是最低的，但他们的本科成功率却在 2009～2017 年有较高的增长（6.6 个百分点），而印裔/亚裔学生、有色学生和白人学生的本科成功率增长较少（分别为 5.7 个百分点、4.9 个百分点和 3.9 个百分点）。

2017 年，采用远程学习模式的学生的本科平均成功率为 66.8%，与 2016 年（67.6%）相比降低了 0.8 个百分点。非洲和有色学生的本科成功率在 2016～2017 年有所下降，而印裔/亚裔学生和白人学生的同期本科成功率有所提高。2017 年，白人学生的本科成功率最高（75.5%），而非洲学生的本科成功率最低（64.8%）（见图 2 – 14）。

2013 年，远程学习模式学生的本科平均成功率最低，2014 年以来呈上升趋势。通过远程学习模式注册的学生的本科平均成功率在过去九年中增长了 3.9 个百分点，其中增幅最大的是印裔/亚裔学生（8.7 个百分点），非洲学生的增幅最小（4.0 个百分点）。

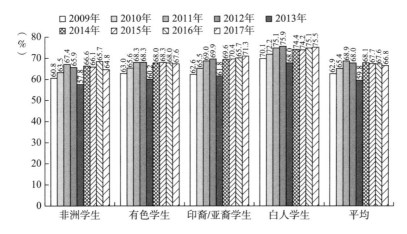

图 2 - 14　2009～2017 年按人口群体划分的远程教育课程的公立本科平均成功率

资料来源：SPETSA2017。

五　南非的私立高等教育机构

（一）私立高等教育机构（PHEI）概述

根据 1997 年《高等教育法》（1997 年第 101 号法）和 2016 年 3 月 31 日在政府公报第 39880 号上发布的《私立高等教育机构注册条例》，所有私立高等教育机构，即与属于"高等教育资格"子框架的传统大学、综合大学和技术大学提供相同课程的教育机构，必须在高等教育与培训部登记，否则不得在南非提供高等教育，该要求适用于本国和外国机构。截至 2017 年底，共有 127 个私立高等教育机构在该部注册，但是其中 2 个被取消注册。因此，以下数据主要来自 125 个私立高等教育机构。

（二）私立高等教育机构的教育情况

数据显示，2017 年私立高校的在校学生总数为 185046 人，与 2016 年的在校学生总数（167408 人）相比增长了 10.5%。与 2011 年相比，2017 年，私立高校的学生入学人数增加了 82010 人（79.6%），且女性入学率一直高于男性。2017 年未报告性别的学生人数（1309 人）与 2016 年相比减少了 805 人（见表 2 - 5）。

表 2 - 5　2011~2017 年按性别划分的私立高校在校生数

单位：人

年份	女生	男生	未报告性别	总数
2011	54160	48876	—	103036
2012	53774	43704	—	97478
2013	64335	55606	—	119941
2014	73778	65431	3350	142557
2015	80532	66516	162	147210
2016	91493	73801	2114	167408
2017	105983	77754	1309	185046

资料来源：SPETSA2017。

2017 年，大多数学生（占总注册人数的 34.5%，63928 人）就读学士学位课程，紧随其后的是 360 学分文凭课程（29.5%，54568 人）。高水平证书课程的入学人数为 27249 人，占总人数的 14.7%。而硕士学位课程的入学人数为 7411 人，占总人数的 4.0%。博士学位的总人数中，只有 0.2%（328人）被录取（见表 2 - 6）。没有专业硕士学位和专业博士学位的学生入学。

表 2 - 6　2017 年按资格类型划分的私立高校招生人数

单位：人，%

资格类型	人数	招生率
高水平证书	27249	14.7
高级证书	2684	1.5
240 学分文凭	15914	8.6
360 学分文凭	54568	29.5
高级文凭	2874	1.6
研究生文凭	5151	2.8
学士学位	63928	34.5
荣誉学士学位	4939	2.7
硕士学位	7411	4.0
硕士学位（专业）	0	0.0
博士学位	328	0.2
博士学位（专业）	0	0.0
总计	185046	100

资料来源：SPETSA2017。

2017 年，在私立高校的学生总数中，有超过一半的学生报名参加了商务、商业和管理研究领域的课程，占总报名人数的 61.2%（113287 人）；其次是在物理、数学、计算机和生命科学领域课程的入学人数，为总入学人数的 9.2%（17017 人）；在教育、培训与发展领域课程的入学人数占比为 6.9%（12799 人）；在农业与自然保护以及实物规划与建设领域的学生人数分别为 364 人（0.2%）和 329 人（0.2%）（见表 2 - 7）。

表 2 - 7　2017 年在国家资格框架学习领域注册的私立高校学生人数

单位：人

学习领域	人数
农业与自然保护	364
文化艺术	9470
商务、商业和管理研究	113287
传播学和语言	9575
教育、培训和发展	12799
制造、工程和技术	636
人文与社会研究	7625
法律、军事科学与安全	3996
健康科学与社会服务	4652
物理、数学、计算机和生命科学	17017
服务	5296
实物规划与建设	329
总计	185046

资料来源：SPETSA2017。

数据显示，2017 年就读私立高校的学生大多数是南非人（90.4%，167350 人），而外国学生占 8.9%（16387 人）。只有 1309 名学生（占总人数的 0.7%）选择不报告人口群体、性别和（或）国籍。2016～2017 年，就读私立高校的南非学生人数增加了 18449 人（12.4%），而非南非学生减少了 6 人（0.04%）。

2017 年南非学生中，非洲人口群体的入学率最高，为 67.0%（112124人），其次是白人群体的 17.8%（29780 人）。有色人种和印裔/亚裔人口群体的数字相对较低，分别为 8.1%（13491 人）和 7.1%（11955 人）。自2011 年以来，非洲学生、印裔/亚裔学生和有色学生的入学人数显著增加。

2011~2017 年，非洲人口群体的入学人数增加了 96.8%（55136 人），有色人口群体中的学生人数增加了 79.3%（5965 人）。同期，印裔/亚裔人口群体中的学生数量增加了 1 倍以上，增加了 6042 名，而白人学生的入学率则稳定增长了 27.8%（6469 人）（见表 2－8）。

表 2－8 2011~2017 年按人口群体和国籍划分的私立高校招生人数

单位：人

年份	非洲学生	有色学生	印裔/亚裔学生	白人学生	南非学生总数	外国学生	未报告	总计
2011	56988	7526	5913	23311	93738	9298	—	103036
2012	56813	6876	5222	18500	87411	10067	—	97478
2013	64933	8183	6649	26664	106429	13512	—	119941
2014	80983	12716	10396	22191	126286	12921	3350	142557
2015	83997	11127	9456	25740	130329	15670	1220	147210
2016	99972	11223	10494	27212	148901	16393	2114	167408
2017	112124	13491	11955	29780	167350	16387	1309	185046

资料来源：SPETSA2017。

2017 年，外国学生在私立高校的入学人数为 16387 人，占私立高校的总入学人数的 8.9%。多数外国学生来自纳米比亚（31.1%，5101 人），其次是来自津巴布韦（23.7%，3884 人）和斯威士兰（9.2%，1503 人）的学生，来自美国的学生比例最小（0.6%，94 人）。

攻读学士学位的外国学生比例最高（39.1%，6404 人），其中大多数是纳米比亚的学生（1962 人，30.6%）。此外，共有 2954 名外国学生（18.0%）进入了 360 学分文凭课程，2097 名（12.8%）进入了高水平证书课程。总共有 1163 名（7.1%）外国学生攻读硕士学位课程，而只有 87 人（0.5%）被博士学位录取，在博士学位级别的课程中，有 25 人（28.7%）来自美国（见表 2－9）。

2017 年，共有 35922 名学生从私立高校毕业。2017 年，私立高校获得学士学位的毕业生数量最多（11358 人，31.6%），紧随其后的是获得高水平证书课程的学生（10366 人，28.9%）。毕业于 240 学分文凭课程的学生为 4586 人（12.8%），而就读荣誉学士学位课程的学生为 2416 人（6.7%），紧随其后的是硕士学位 2127 人（5.9%）。还应注意的是，2017 年，仅 34 名（0.1%）私立高校的学生毕业于博士学位课程（见表 2－10）。

表 2 - 9 2017 年按国家和资格类型划分的私立高校外国留学生人数

单位：人

国家	资格类型												总计
	高水平证书	高级证书	240学分文凭	360学分文凭	高级文凭	研究生文凭	学士学位	荣誉学士学位	硕士学位	硕士学位（专业）	博士学位	博士学位（专业）	
津巴布韦	301	26	528	827	210	459	1074	293	165	0	1	0	3884
纳米比亚	1159	9	157	814	66	72	1962	585	277	0	0	0	5101
斯威士兰	129	2	34	152	16	26	957	87	100	0	0	0	1503
尼日利亚	54	3	15	36	5	9	116	16	17	0	0	0	271
刚果民主共和国	27	1	26	103	12	35	146	41	22	0	3	0	416
莱索托	45	0	23	222	28	8	217	29	13	0	1	0	586
博茨瓦纳	31	4	37	183	18	23	327	15	81	0	1	0	720
赞比亚	43	10	16	80	50	14	225	69	60	0	2	0	569
肯尼亚	18	1	31	32	15	5	80	28	9	0	2	0	221
美国	4	0	6	8	0	0	22	5	24	0	25	0	94
其他国家	286	27	236	497	12	18	1278	221	395	0	52	0	3022
总计	2097	83	1109	2954	432	669	6404	1389	1163	0	87	0	16387

资料来源：SPETSA2017。

表 2 - 10　2017 年按资格类型划分的私立高校毕业生人数

单位：人，%

资格类型	人数	招生率
高水平证书	10366	28.9
高级证书	1691	4.7
240 学分文凭	4586	12.8
360 学分文凭	1400	3.9
高级文凭	672	1.9
研究生文凭	1272	3.5
学士学位	11358	31.6
荣誉学士学位	2416	6.7
硕士学位	2127	5.9
硕士学位（专业）	0	0
博士学位	34	0.1
博士学位（专业）	0	0
总计	35922	100

资料来源：SPETSA2017。

六　南非的职业技术教育与培训学院

在南非的职业技术教育与培训体系中涉及"职业"这个概念的有四个词：occupation，vocation，trade，profession。偏重普通职业教育的时候使用"vocation"；泛指一切实际的职业使用"occupation"；特指技工类职业时使用"trade"；特指像医生、律师这样的被称为专业的职业时使用"profession"。

南非当前主要的普通职业教育项目有两个系列：国家职业教育证书系列［National Curriculum（Vocational）］和国家技术教育计划系列（NATED/Report 191，通常称作 N 系列项目）。

NC（V）项目分为 NC（V）2、NC（V）3 和 NC（V）4 三段，学制均为一年，是与十至十二年级的普通中等学校教育平行的普通职业教育，分别对应于国家资格框架的 2、3、4 级水平。当前，高等教育与培训部正在考虑设置中等后层次，对应于国家资格框架 5 级水平的 NC（V）5 项目。与十二年级的普通学校教育所对应的国家高级证书相类似，NC（V）4对应的国家职业教育证书也是升入大学和科技大学相关专业的依据。

NC（V）系列项目的特点是兼顾普通教育与职业技能教育，包括实训环节，但是并不直接联系企事业单位进行顶岗实习。NC（V）系列项目是为了取代N系列项目而设计出来的。NC（V）系列项目在2006年被列入国家的教育机制，从2007年开始实施，同年，教育部启动了N系列的国家证书项目退出机制。

N系列项目的普通职业教育共分6级。N1～N3在教育层次上与NC（V）2～NC（V）4相同，均对应于国家资格框架的第2、3、4级，但是并不能成为升入大学或科技大学的依据。N4～N6属于中等后非大学的职业教育，均对应于国家资格框架的第五级。N系列项目课程过去曾经得到产业界的大力支持，为在企业开展的学徒教育提供配套的理论学习环节，职业性非常突出。在原先的设计中既有1/3的时间在正规的职业教育机构进行理论学习，又规定2/3的时间在企业里顶岗操作，因而曾广受劳动力市场的好评。但是，由于课程长期得不到更新，许多专业也没有能够与产业界延续良好的合作关系，因而N系列项目如今变成了在就业市场上并不怎么受欢迎的、缺乏实践环节的普通学校职业教育。

N系列项目最大的问题就是定位不清晰。但是由于N系列项目长期形成的社会影响力仍在，尽管其毕业生在就业市场上的表现不好，但是仍存在入学需求，2010年南非高等教育与培训部无限期地暂缓了将其全面淘汰的政策。但是，保留下来的主要是工程技术领域的N系列项目，服务于解决"技工荒"这一问题。高等教育与培训部最初要求处于延缓期的N系列项目招生对象仅限于已经受雇于企业的学徒，从而把N系列项目的定位限制为技能教育，但是由于NC（V）系列项目尚不完善，最终还是扩大了N系列项目招生对象的范围。此外，由于中等后层次的NC（V）5项目还未被开发出来，因而N4～N6项目当前仍是非大学的中等后普通职业教育的主流。承担N系列项目和NC（V）系列项目的主要是南非的公立和私立继续教育与培训学院以及部分其他职业技术类院校。涉及中等后层次的普通职业教育则往往还有高校的参与。

技能教育与培训同样也主要涉及两类项目，即学徒教育和在学徒教育基础上发展而来并期望最终能够取代学徒教育的全新的工作学习教育。这两类项目均包含两个主要的环节：其一，受雇于企事业单位的学习者在有指导的条件下开展岗位实践；其二，在教育与培训机构里完成理论学习。学徒教育的最低起点是 15 岁以上且完成了普通教育与培训学习，达到国家资格框架 1 级水平的未就业者（录取时签订学习期间的劳动合同）。学徒教育仅涉及在南非职业分类框架（OFO）内单列出来的技工类职业。完成学徒教育后，学习者须通过相应的行业考试才能获得相应的技工资格。

工作学习教育则面向 16～35 岁的年轻人，既可以是在职的，也可以是未就业的，部分低起点项目甚至可以招收尚未完成普通教育与培训的申请者。可以开发的培训领域涵盖大多数一般职业，当然也包括技工在内。南非政府有意用工作学习教育取代覆盖面窄、方式不够灵活的学徒教育。

但是学徒教育的命运与 N 系列项目的命运类似。当前两类技能教育与培训项目仍在并行，学徒教育主要针对工程技术类的技工培养，而工作学习教育的项目体系在不断发展壮大之中。工作学习教育在国家资格框架中所能触及的最高资格水平没有明确的上限，目前了解到其最高项目的资格水平达到了中等后层次的 NQF6 级。

当前南非仍在开展的学徒教育实际上是作为工作学习教育的一种特殊情况存在的。两类项目都由行业教育培训署牵头，雇主、学习者、教育与培训机构三方以合同的方式实施。[1]

（一）南非的职业技术教育与培训学院概述

南非的职业技术教育与培训学院按照南非的《继续教育和培训法》进行管理，其目标是提高中级和高级学习课程学习者的成功率。

从 2002 年开始，南非的 152 所继续教育与培训学院启动了合并进程，并且最终形成了 50 所职业技术教育与培训学院。新名称强调的是教育与培训的职业技术教育性质而非中等层次。这 50 所职业技术教育与培训学院分布在 252 个注册校区，具体名单附后（见附录 2）。

职业技术教育与培训学院的学生构成非常复杂，除了主体中职学生外，还包括一部分接受成人教育的学习者和一部分高中复读生，还有一部分教

---

① 王琳璞、毛锡龙、张屹：《南非教育战略研究》，浙江教育出版社，2014，第 110～111 页。

育项目是属于非大学的中等后层次的。

此类机构不仅被视作普通学校职业教育的主渠道，而且被要求尽可能多地参与岗位技能培训活动，提供培训环节的服务。此外，还为超龄生、辍学生提供补偿性的普通中等教育（普通生的复读），从而为成人教育提供了平台。

南非的职业技术教育与培训学院为在学校至少达到九年级的学员提供职业技术教育与培训课程。与此同时，学习者也有机会获得十二年级的证书。一般而言，职业技术教育与培训学院提供三大类资格课程。

其一，提供与国家职业教育证书对应的三个级别课程，即国家资格框架的 2、3、4 级。这是学校教育系统十至十二年级的另一种职业学习途径。

其二，"Report 191"，即国家技术教育计划（通常称为 NATED 证书），专注于培养工匠，涉及农业、艺术和音乐、商业研究、社会服务、公用事业研究和工程等领域，分为六个等级（N1～N6）的工程研究课程和三个级别（N4～N6）的商业研究课程。N1～N3 相当于 NQF2～NQF4 级，N4～N6 等同于 NQF5 级。

如果学生符合工作经验要求，则可获得国家 N 证书。参加工程研究课程类的学生需要至少 24 个月（2670 小时）的相关工作经验才能获得国家 N 证书，而商业研究课程类的学生需要 18 个月（2000 小时）的相关工作经验。

其三，职业资格和部分资格考试，包括基于工作场所的学习（WPBL）、与工作场所的需求和机会密切相关的学习。许多职业学习计划由行业教育培训署（SETA）和国家技能基金（NSF）通过征税补助金系统提供资金。

除了上述课程，职业技术教育与培训学院还与高等教育机构合作，逐步推出 NQF5 级高级证书课程。

职业技术教育与培训学院在一年当中有 6 个招生入学周期，即每学年（1）、每学期（2）和三个短学期（3）。按学年入学的，主要为参加 NC（V）资格认证的学生，参加 Report 191 工程研究的学生则分三个短学期入学。按学期入学的，主要为参加 Report 191 的商业和常识课程学习的学生。①

---

① Department of Higher Education and Training. *Statistics on Post-School Education and training in South Africa*：2017 ［R］. Pretoria：Department of Higher Education and Training，2019：32.

（二）南非的职业技术教育与培训学院的教育情况

2017 年，南非职业技术教育与培训学院的入学人数达到 688028 人，与 2016 年相比下降了 2.5%（17369 人）。下降的主要原因是 NC（V）的入学人数减少了 34888 人。从 2016 年开始的统计数字是使用入学周期人数计算的，这意味着如果他们全年都入学，则参加三个学期和一个学期课程的学生将被计入一次以上，而 NC（V）资格是一年一度的课程，将被计算一次。

表 2 - 11 的数据显示，2017 年超过 70% 的入学学生为参加 Report 191 工程研究（74.1%，510153 人），而 NC（V）为 20.7%（142373 人）。多年来一直是这种趋势，主要是因为这些计划由国家资助。入学率较低的课程是由其他来源资助，例如自费、SETA 补助金或 NSF。同期选报职业资格的人数较少（1.6%，10969 人）。

表 2 - 11　2010 ~ 2017 年职业技术教育与培训学院的入学人数

单位：人

资格类别	2010 年	2011 年	2012 年	2013 年	2014 年	2015 年	2016 年	2017 年
NC（V）	130039	124658	140575	154960	166433	165459	177261	142373
Report 191（N1 ~ N6）	169774	222754	359624	442287	486933	519464	492026	510153
职业资格	23160	20799	62359	19000	19825	20533	13642	10969
其他	35420	32062	95132	23371	29192	32424	22468	24533
总计	358393	400273	657690	639618	702383	737880	705397	688028

资料来源：SPETSA2017。

表 2 - 12 表明，2017 年，职业技术教育与培训学院的入学学生主要是 15 ~ 29 岁的年轻人，几乎占总入学人数的 90%（89.6%，616573 人）。30 岁及以上的学生入学率较低。参加 NC（V）计划的学生中，有 60% 以上是 20 ~ 24 岁的年轻人（63.5%，90351 人）。在 Report 191 类中注册的学生比例与 NC（V）计划相似，其中 60.5%（308880 人）的学生年龄为 20 ~ 24 岁。40 岁及以上的学生大多选择 Report 191 项目，其次是其他课程和职业资格。

表 2-12　2017 年按资格类别和年龄组划分的 TVET 入学人数

单位：人

资格类别	<15 岁	15~19 岁	20~24 岁	25~29 岁	30~34 岁	35~39 岁	>39 岁	总计
NC（V）	4	14185	90351	30546	5351	1428	508	142373
Report 191（N1~N6）	2	54303	308880	93008	30578	13749	9633	510153
职业资格	0	752	3734	2389	1470	961	1663	10969
其他	4	2819	10524	5082	2501	1322	2281	24533
总计	10	72059	413489	131025	39900	17460	14085	688028

资料来源：SPETSA2017。

2017 年，职业技术教育与培训学院的入学学生人数最多的是非洲人（92.4%，635717 人）。有色学生、白人和印裔/亚裔学生分别占总入学人数的 6.3%（43640 人）、1.0%（6826 人）和 0.2%（1699 人）。非洲和印裔/亚裔人口群体的入学主要集中在 Report 191 和 NC（V）计划，有色学生和白人学生则更多加入 Report 191，其次是"其他"计划（见表 2-13）。

表 2-13　2017 年按资格类别和人口群体划分的 TVET 入学人数

单位：人

资格类别	非洲学生	有色学生	印裔/亚裔学生	白人学生	未报告	总计
NC（V）	136146	5673	149	379	26	142373
Report 191（N1~N6）	476271	27176	1413	5195	98	510153
职业资格	5762	4893	14	300	0	10969
其他	17538	5898	123	952	22	24533
总计	635717	43640	1699	6826	146	688028

资料来源：SPETSA2017。

2017 年，在职业技术教育与培训学院就读的学生中，有一半以上是女性（57.0%，392501 人），而男性则占总注册人数的 43.0%（295527 人）。在所有课程中，女性入学的人数均高于男性，而在 NC（V）和职业资格中，性别差异更为明显（见表 2-14）。

表 2-14　2017 年按资格类别和性别划分的 TVET 入学人数

单位：人，%

资格类别	女性	男性	总计	女性占比	男性占比
NC（V）	90099	52274	142373	63.3	36.7

续表

资格类别	女性	男性	总计	女性占比	男性占比
Report 191（N1～N6）	282609	227544	510153	55.4	44.6
职业	6677	4292	10969	60.9	39.1
其他	13116	11417	24533	53.5	46.5
总计	392501	295527	688028	57.0	43.0

资料来源：SPETSA2017。

2017 年，职业技术教育与培训学院共录取了 2159 名报称有残疾的学生。超过 60% 的残疾学生是女性（60.4%，1304 人），而 39.6%（855 人）是男性。据报告，有视力障碍的学生比例最高（45.2%，975 人），其次是身体残疾（20.3%，438 人）。视力残疾的性别差异很大，女性比男性多347 人（见表 2 - 15）。

表 2 - 15　2017 年按残疾类型和性别划分的 TVET 特殊需求教育（SNE）入学的人数

单位：人

残疾类型	女性	男性	总计
交流（说、听）	5	8	13
情绪（行为或心理）	74	58	132
听觉（即使戴助听器）	126	126	252
智力（学习困难）	105	127	232
多重残疾	57	34	91
身体（运动、站立抓握）	263	175	438
视觉	661	314	975
残疾但未指明	13	13	26
总计	1304	855	2159

资料来源：SPETSA2017。

南非的 50 所职业技术教育与培训学院中，夸祖鲁 - 纳塔尔省、豪登省和东开普省的学院数量最多。2017 年招生人数最多的是豪登省（170572人）、夸祖鲁 - 纳塔尔省（113274 人）和林波波省（107057 人），北开普省的入学人数较少（10367 人）（见表 2 - 16）。

表 2 – 16　2017 年各省 TVET 的数量和学生的入学人数

单位：个，人

省份	学院数量	学生数
东开普省	8	76090
自由州省	4	51220
豪登省	8	170572
夸祖鲁 – 纳塔尔省	9	113274
林波波省	7	107057
姆普马兰加省	3	45625
西北省	3	32317
北开普省	2	10367
西开普省	6	81506
全国	50	688028

资料来源：SPETSA2017。

2017 年，职业技术教育与培训学院的入学率超过一半是在豪登省（24.8%，170572 人）、夸祖鲁 – 纳塔尔省（16.5%，113274 人）和林波波省（15.6%，107057 人）。大多数学生就读于 Report 191 和 NC（V）计划，豪登省在这些计划中的占比最高［Report 191 的有 25.8%（131849 人）和 NC（V）的有 21.9%（31127 人）］（见表 2 – 17）。

表 2 – 17　2017 年按资格类别和省份划分的 TVET 的入学人数

单位：人

省份	NC（V）	Report 191（N1 ~ N6）	职业资格	其他	总计
东开普省	20406	53662	84	1938	76090
自由州省	7002	43397	0	821	51220
豪登省	31127	131849	31	7565	170572
夸祖鲁 – 纳塔尔省	26294	84030	1669	1281	113274
林波波省	23406	82860	474	317	107057
姆普马兰加省	12988	32637	0	0	45625
西北省	7358	24151	505	303	32317
北开普省	1552	7703	664	448	10367

省份	NC（V）	Report 191（N1~N6）	职业资格	其他	总计
西开普省	12240	49864	7542	11860	81506
全国	142373	510153	10969	24533	688028

资料来源：SPETSA2017。

尽管职业资格的入学率较低，为10969人，但该计划入学的学生中有2/3以上是西开普省的职业技术教育与培训学院（68.8%，7542人）招收的。西开普省和豪登省的职业技术教育与培训学院的其他课程入学率也最高［分别为48.3%（11860人）和30.8%（7565人）］，几乎占这些课程总入学率的80%（见表2-17）。

表2-18 2017年按资格水平和性别划分的TVET的入学人数

单位：人，%

资格水平	女生	男生	总计	女生占比	男生占比
NC（V）Level 2	41828	28141	69969	59.8	40.2
NC（V）Level 3	24197	12514	36711	65.9	34.1
NC（V）Level 4	24074	11619	35693	67.4	32.6
总计	90099	52274	142373	63.3	36.7

资料来源：SPETSA2017。

数据显示，与男性相比，参加NC（V）计划的女性人数更多。2017年在参加NC（V）计划的142373名学生中，女性占63.3%（90099人），男性占36.7%（52274人）。NC（V）4级的性别差异最大，女性为67.4%，男性为32.6%。NC（V）2级入学率最高（49.1%，69969人），而NC（V）3级和4级入学率则下降（见表2-18）。

表2-19 2017年按NC（V）计划和性别划分的TVET的入学人数

单位：人

NC（V）计划	NC（V）Level 2		NC（V）Level 3		NC（V）Level 4		NC（V）Level 2~4		
	女生	男生	女生	男生	女生	男生	女生	男生	总计
土木工程和建筑施工	2200	2894	1119	1114	1201	1086	4520	5094	9614
绘图实践	24	80	15	29	10	23	49	132	181

续表

NC（V）计划	NC（V）Level 2		NC（V）Level 3		NC（V）Level 4		NC（V）Level 2~4		
	女生	男生	女生	男生	女生	男生	女生	男生	总计
教育与发展	1448	156	782	60	832	84	3062	300	3362
电力基础设施和建设	4220	5161	2038	1851	1980	1753	8238	8765	17003
工程及相关设计	2802	5899	1567	2995	1631	2745	6000	11639	17639
金融、经济和会计服务生	3278	1255	1580	469	1921	521	6779	2245	9024
服务生	3459	1077	1908	480	1717	406	7084	1963	9047
信息技术和计算机科学	1930	2090	876	830	888	814	3694	3734	7428
管理	2372	1132	1252	455	1161	416	4785	2003	6788
营销	2076	1293	1171	493	1137	529	4384	2315	6699
机电一体化	185	261	135	161	165	142	485	564	1049
办公室行政管理	10357	2802	7276	1492	7170	1295	24803	5589	30392
初级农业	1406	687	738	403	725	360	2869	1450	4319
初级卫生	382	63	690	78	745	71	1817	21	2029
化工仪表	0	0	0	0	0	0	0	0	0
制炼厂操作	210	76	140	37	140	42	490	155	645
社会安全	1447	989	830	596	848	513	3125	2098	5223
旅游	3044	1510	1532	644	1399	586	5975	2739	8714
运输与物流	988	716	548	327	404	234	1940	1277	3217
总计	41828	28141	24197	12514	24074	11619	90099	52274	142373

资料来源：SPETSA2017。

　　2017 年，职业技术教育与培训学院的 NC（V）学生中有近 1/4 的人报名参加了办公室行政管理课程（21.3%，30392 人），其次是工程及相关设计课程（12.4%，17639 人）以及电力基础设施和建设课程（11.9%，17003 人）。超过 1/4 的女生就读办公室行政管理课程（27.5%，24803 人），而大多数男生就读工程及相关设计课程（22.3%，11639 人）和电力基础设施和建设课程（16.8%，8765 人）。

　　办公室行政管理领域的性别差异最大，女性比男性多了 19214 人。在入学率方面差距最大的是教育与发展课程，女性的入学率为男性的 10 倍（女性 3062 人，男性为 300 人）。而在工程及相关设计课程方面，男性人数则比女性多了 5639 人（见表 2 - 19）。

与男生相比，就读 Report 191 项目的女生比例更高（55.4%，282609人）（见表 2 - 20）。参加 N4 ~ N6 课程的女生比男生多，而参加 N1 ~ N3 和非国民证书的男生比例则高。其中，非国民证书的性别差异最大，男生是女生的 5 倍。

表 2 - 20　2017 年按 Report 191 计划和性别划分的 TVET 的入学人数

单位：人，%

Report 191	女生	男生	总计	女生占比	男生占比
无国家证书	203	1004	1207	16.8	83.2
N1	19414	31342	50756	38.2	61.8
N2	24535	38861	63396	38.7	61.3
N3	22479	32823	55302	40.6	59.4
N4	80619	48345	128964	62.5	37.5
N5	69257	39566	108823	63.6	36.4
N6	66102	35603	101705	65.0	35.0
总计	282609	227544	510153	55.4	44.6

资料来源：SPETSA2017。

2017 年，职业技术教育与培训学院有 313750 名全日制等效学生。Report 191 项目的全日制等效学生注册人数为 182836 人，而 NC（V）的全日制等效学生注册人数为 130914 人（见图 2 - 15）。

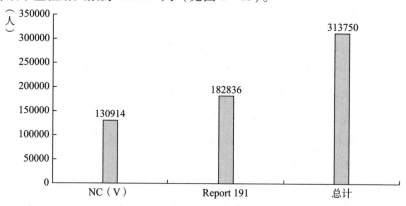

图 2 - 15　2017 年按资格类别划分的 TVET 的全日制等效学生人数
资料来源：SPETSA2017。

七　南非的社区教育与培训学院

在南非的教育体系中，成人教育中"成人"的标准是 16 岁及以上。成人基础教育与培训（ABET）含有 4 个级别，其中最高的第 4 级相当于普通学校的九年级，对应于国家资格框架体系的第 1 级水平，学成可以获得成人普通教育与培训证书（GETC：ABET）。[①]

南非政府是从功能性扫盲的角度来认识成人教育的需求，因此成人教育与培训并不局限于国家资格框架第 1 级的层次，而是在社区教育与培训阶段也分别设置了与普通中等学校教育和普通中等职业教育平行的成人教育与培训项目，并且已经在国家资格框架的第 4 级水平上设立了针对成人的国家高级证书和国家独立证书，分别对应于国家高级证书和国家职业教育证书 4[②]。

（一）南非的社区教育与培训学院概述

高等教育与培训部于 2015 年 4 月组建了 9 所社区教育与培训学院，这是在以前的公共成人学习中心的基础上合并组建的，每省有一所。

社区教育与培训学院（简称社区学院）建立了学院理事会作为治理结构，负责学院及其社区学习中心的运作和管理。因此，各社区教育与培训学院都是独立的法人。

社区教育与培训学院按照南非《成人教育和培训法》的规定，为尚未完成学校九年级的学生提供通识教育与培训（GETC）课程，获取成人普通教育与培训证书（ABET）。GETC-ABET 4 级[③]等同于国家资格框架的第 1 级。出于社会需求，社区教育与培训学院也逐渐转向提供十至十二年级和

---

① *Parliament Adult Basic Education and Training Act*［R］. Cape Town：Parliament of South Africa，2000：4.

② 王琳璞、毛锡龙、张屹：《南非教育战略研究》，浙江教育出版社，2014，第 112 页。

③ GETC-ABET Level 4 qualification：GETC-ABET 4 级资格。GETC 按照《成人教育和培训法》（2000 年第 52 号法）的规定向成年人提供，主要为没有接受任何正规学校教育，或者可能没有完成正规基础教育的人，相当于国家资格框架（NQF）1 级资格。

国家高级证书的相关课程。

（二）南非的社区教育与培训学院的教育情况

社区教育与培训学院的入学率在 2012 年达到峰值，2013 年有所下降，2014～2017 年保持相对稳定。需要注意的是，2011～2014 年，公共成人教育和培训中心（现称为社区教育与培训学院）由省教育部门管理。

2017 年学生入学人数达到 258199 人，与 2016 年入学人数（273431 人）相比下降了 5.6%（15232 人）（见图 2－16）。

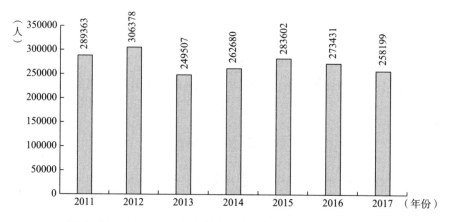

图 2－16　2011～2017 年入读社区教育与培训学院的学生人数
资料来源：SPETSA2017。

图 2－17 显示，2011～2017 年，报名参加 GETC-ABET 4 级课程的学生最多，而就读十年级和十一年级的学生较少。GETC-ABET 4 级课程允许学生参加国家考试，以便在完成时获得 GETC-ABET 4 级证书。2017 年，社区教育与培训学院引入了职业资格证书，共有 1018 名学生注册了该资格证书。

2011～2017 年，社区教育与培训学院整体入学人数下降了 10.8%，其中 ABET 1～3 级和非常规项目分别大幅下降（46.6% 和 37.7%）。相比之下，同一时期的十二年级则增加了 21.2%（见图 2－17）。

2016～2017 年入学人数下降了 5.6%（15232 人）。造成这种下降的主要原因是 ABET 1～3 级和 GETC-ABET 4 级的入学率分别下降（17.2% 和 5.5%）。尽管较 2011～2013 年有所减少，但 2017 年非常规项目的入学人数

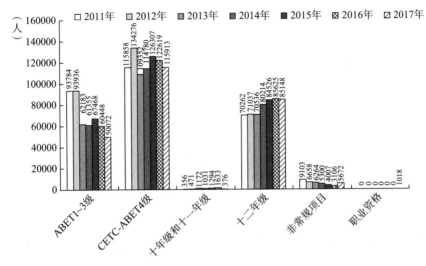

图 2 – 17　2011～2017 年按计划类型划分的 CET 的学生人数
资料来源：SPETSA2017。

较上年几乎翻了一番，增长了 82.6%。

2017 年，社区教育与培训学院近一半的学生报名参加了成人基础教育 4 级课程（44.9%），其次是十二年级的课程（33.0%）（见表 2 – 21）。进入十年级和十一年级的学生人数很少，分别为 221 人和 155 人。从图 2 – 17 可以看出，自 2011 年以来，这些计划的入学率一直较低。

表 2 – 21　2017 年按计划类型划分的 CET 的在校生情况

单位：人，%

计划类型	数量	招生率
成教 1 级	10450	4.0
成教 2 级	17625	6.8
成教 3 级	21997	8.5
成人基础教育 4 级（NQF Level 1）	115913	44.9
十年级（NQF Level 2）	221	0.1
十一年级（NQF Level 3）	155	0.1
十二年级（NQF Level 4）	85148	33.0
非常规项目	5672	2.2

类型	数量	招生率
职业资格	1018	0.4
总计	258199	100

资料来源：SPETSA2017。

2017 年，共有 180319 名女生就读于社区教育与培训学院，男生为 76862 名。除十一年级男生人数较多，其他课程的女生都比男生多。性别差异最大的是成人基础教育 4 级，女生入学该计划的人数是男性的 3 倍以上（见表 2 – 22）。

表 2 – 22　2017 年按课程类型和性别划分的 CET 的学生人数

单位：人

课程类型	女生	男生	总计
成教 1 ~ 3 级	32138	17934	50072
成人基础教育 4 级（NQF Level 1）	87632	28281	115913
十年级（NQF Level 2）	117	104	221
十一年级（NQF Level 3）	42	113	155
十二年级（NQF Level 4）	56279	28869	85148
非常规项目	4111	1561	5672
职业资格	—	—	1018
总计	180319	76862	258199

资料来源：SPETSA2017。

2017 年入读社区教育与培训学院的学生大多数是非洲人（238173 人，92.2%）。在非洲学生中，有 45.6%（108602 人）的人报名参加了 GETC-ABET 4 级课程，其次是报名十二年级课程（78111 人，32.8%）。在有色学生中存在类似的情况，其中大多数参加了 GETC-ABET 4 级课程（6355 人，39.5%），其次是十二年级课程（5302 人，32.9%）。印裔/亚裔学生和白人学生的学习模式有所不同，其中大多数人报名进入十二年级课程，其次是 GETC-ABET 4 级课程（见表 2 – 23）。

表 2 - 23 2017 年按课程和人口群体划分的 CET 的招生人数

单位：人

课程类型	非洲学生	有色学生	印裔/亚裔学生	白人学生	其他[1]	总计
成教 1 级	9253	1161	3	9	24	10450
成教 2 级	16278	1305	14	4	24	17625
成教 3 级	20360	1529	25	47	36	21997
成人基础教育 4 级（NQF Level 1）	108602	6355	491	391	74	115913
十年级（NQF Level 2）	187	27	0	1	6	221
十一年级（NQF Level 3）	142	12	0	0	1	155
十二年级（NQF Level 4）	78111	5302	1074	556	105	85148
非常规项目	5240	417	0	11	4	5672
职业资格	—	—	—	—	—	1018
总计	238173	16108	1607	1019	274	257181

资料来源：SPETSA2017。

2017 年，社区教育与培训学院共有 2592 名学生（占总入学率的 1.0%）报称有残疾。有残疾的女性占 56.2%（1457 人），而男性占 43.8%（1135人）。数据显示，部分视力/弱视的女性比男性多（分别为 430 人和 185人）。总体而言，更多的学生有部分视力/弱视、身体障碍、听觉障碍、轻度至中度智力障碍，分别为 615 人（23.7%）、365 人（14.1%）、320 人（12.3%）、288 人（11.1%）。少数学生表示有自闭症谱系障碍（14 人，0.5%）（见表 2 - 24）。

表 2 - 24 2017 年按主要残疾类型和性别划分的 CET 的特殊需求教育（SNE）学生人数

单位：人

学习障碍类型	女生	男生	总计
多动症	40	26	66
自闭症谱系障碍	11	3	14
行为/举止障碍	76	168	244
失明	90	95	185
脑瘫	37	16	53

续表

学习障碍类型	女生	男生	总计
耳聋	40	45	85
又聋又盲	19	3	22
癫痫	65	74	139
听觉障碍	277	43	320
轻度至中度智力障碍	118	170	288
中度至重度/深度智力障碍	17	20	37
部分视力/低视力	430	185	615
身体障碍	169	196	365
精神障碍	12	20	32
严重智障	13	24	37
特殊学习障碍	43	47	90
总计	1457	1135	2592

资料来源：SPETSA2017。

2017年，社区教育与培训学院在校学生最多的是豪登省（87847人，34.0%），其次是夸祖鲁－纳塔尔省（43484人，16.8%）和东开普省（34242人，13.3%）。除豪登省、自由州省和西开普省的学生大部分就读十二年级（58549人、7914人和7629人）外，几乎所有社区教育与培训学院的大多数学生参加了GETC-ABET 4级课程。在林波波省，有18161名（85.4%）学生参加了GETC-ABET 4级课程；夸祖鲁－纳塔尔省的社区教育与培训学院（CET）学生中，一半以上也参加了GETC-ABET 4级课程（24445人，56.2%）（见表2-25）。

在3276个社区学习中心（CLC）中，有2609个向高等教育与培训部提交了数据。2017年，社区教育与培训学院的讲师总人数为14014人，总学生数为258199人，其中夸祖鲁－纳塔尔省、东开普省和豪登省的讲师总占比较高，分别为26.5%、19.9%、15.0%（见表2-26）。

社区学习中心大部分分布在林波波省和夸祖鲁－纳塔尔省（分别为730个和641个），而最少的是豪登省（48个）。尽管豪登省的社区学习中心较少，但与其他省份相比，豪登省的社区教育与培训学院的学生入学比例更高。

表 2－25　2017 年按学院和课程划分的 CET 的学生数

单位：人，%

省份学院	成教 1 级	成教 2 级	成教 3 级	成人基础教育 4 级 (NQF Level 1)	十年级 (NQF Level 2)	十一年级 (NQF Level 3)	十二年级 (NQF Level 4)	非常规项目	职业资格	总计
东开普省社区学院	2284	3906	4246	19733	27	14	2228	1804	—	34242
自由州省社区学院	339	724	1841	7155	3	3	7914	174	40	18193
豪登省社区学院	1480	1641	3003	19960	0	77	58549	2355	782	87847
夸祖鲁-纳塔尔省社区学院	2435	3215	4585	24445	108	0	8395	391	—	43484
林波波省社区学院	709	1346	1035	18161	6	0	0	0	—	21257
姆普马兰加省社区学院	928	3516	3381	9361	16	13	371	74	106	17766
北开普省社区学院	369	396	407	2419	22	26	62	—	—	3701
西北省社区学院	619	1528	1693	8782	—	—	—	512	90	13224
西开普省社区学院	1287	1443	1806	5897	39	22	7629	362	—	18485
全国	10450	17625	21997	115913	221	155	85148	5672	1018	258199
入学率	4.0	6.8	8.5	44.9	0.1	0.1	33.0	2.2	0.4	100

资料来源：SPETSA2017。

表 2 – 26 2017 年各省社区教育与培训学院开设的社区学习中心、讲师和学生数

单位：个，人

省份学院	社区学习中心数量	讲师数量	学生数量
东开普省社区学院	270	2788	34242
自由州省社区学院	207	913	18193
豪登省社区学院	48	2097	87847
夸祖鲁 – 纳塔尔省社区学院	641	3717	43484
林波波省社区学院	730	995	21257
姆普马兰加省社区学院	255	1470	17766
西北省社区学院	286	1244	13224
北开普省社区学院	103	170	3701
西开普省社区学院	69	620	18485
全国	2609	14014	258199

资料来源：SPETSA2017。

八 南非的私立学院

（一）南非的私立学院概述

南非政府于 2006 年颁布了《继续教育和培训法》和《私立继续教育注册条例》。根据相关规定，南非政府于 2015 年 4 月将私立成人教育与培训中心更名为私立学院。此外，还有一些技能开发提供机构（SDP）也根据规定注册成为私立学院。截至 2017 年底，南非共有 268 所注册的私立学院。

私立学院为至少已完成学校九年级、完成十二年级（基础）课程的和已就业的学员提供与职业教育培训有关的课程。一般而言，私立学院提供三大类资格课程，这与职业技术教育与培训学院相同。

（二）南非私立学院的教育情况

2017 年，私立学院的课程注册总人数为 187354 人，与 2016 年（168911人）相比增长了 10.9%（18443 人）。2017 年的入学人数是 2010～2017 年间最多的，而 2010 年的入学人数最少（46882 人）（见图 2 – 18）。

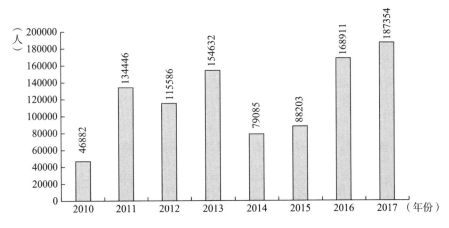

图2-18 2010～2017年就读私立学院的学生数

资料来源：SPETSA2017。

2014～2017年，报名人数最多的是Report 191项目，其次是Report 550／NSC和其他。2010～2013年，报考职业资格证书的人数最多，其次是报考Report 550／NSC和其他资格证书的人。与其他年份相比，2013年报考Report 550／NSC和其他资格证书的入学率最高。而2010～2017年整体来看，NC（V）证书的学习人数一直在下降（见图2-19）。

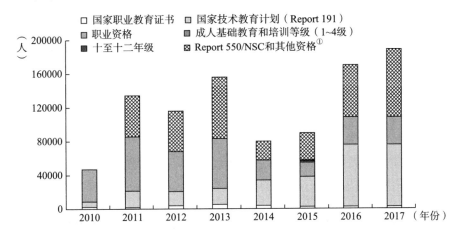

图2-19 2010～2017年按学历类别划分的私立学院的在校生数

资料来源：SPETSA2017。

---

① 是指国家高级证书，Others是指职业技术教育与培训学院提供的所有其他课程和其他资格证书。

2017 年，私立学院 Report 191 课程的入学率最高（41.7%），其次是 Report 550 / NSC 和其他资格（34.9%）和职业资格（21.7%），而 NC（V）的比例最低（1.8%）。与 2010 年相比，2017 年所有资格类别的学生入学率都有所增长，Report 191 的增长幅度最大，而 NC（V）的增长幅度最低（26.5%）（见表 2 - 27）。

表 2 - 27　2010 ~ 2017 年按资格类别划分的私立学院的入学人数

单位：人

资格类别	2010 年	2011 年	2012 年	2013 年	2014 年	2015 年	2016 年	2017 年
NC（V）	2615	1816	4181	5012	3928	2880	2857	3307
Report 191	6685	19524	16127	19467	28700	35147	72657	78056
职业资格	37582	63394	47156	58400	23128	17136	32279	40577
成教 1 ~ 4 级	n. a. *	n. a.	n. a.	n. a.	n. a.	1045	n. a.	n. a.
十至十二年级	n. a.	n. a.	n. a.	n. a.	n. a.	554	n. a.	n. a.
Report 550/ NSC 和其他	n. a.	49712	48122	71753	22329	31441	61118	65414
总计	46882	134446	115586	154632	79085	88203	168911	187354

* n. a. 表示当年私立学校没有该项目的招生计划。

资料来源：SPETSA2017。

2017 年入读私立学院的男女学生比例相近，分别为 50.3%（94231 人）和 49.7%（93123 人）。就读职业资格证书、Report 550 / NSC、Report 191（N4 ~ N6）、NC（V）2 ~ 4 级和其他资格证书课程的学生中，女生的比例高于男生。其中，就读职业资格证书的性别差异最大，女性注册人数比男性多了 8705 人。

唯一一个男性入学人数高于女性的资格类别是 Report 191（N1 ~ N3）。此资格类别中的男性入学人数是女性的 2 倍多（男性为 24141 人，女性为 11581 人）（见表 2 - 28）。

表 2 - 28　2017 年按资格类别和性别划分的私立学院的在校生情况

单位：人，%

资格类型	女生	男生	总计	女生占比	男生占比
NC（V）2 ~ 4 级	1709	1598	3307	51.7	48.3
Report 191（N1 ~ N3）	11581	24141	35722	32.4	67.6

资格类型	女生	男生	总计	女生占比	男生占比
Report 191（N4～N6）	22675	19659	42334	53.6	46.4
职业资格	24641	15936	40577	60.7	39.3
Report 550/NSC	2582	2000	4582	56.4	43.6
其他	31043	29789	60832	51.0	49.0
总计	94231	93123	187354	50.3	49/7

资料来源：SPETSA2017。

2017 年入读私立学院的学生中有一半以上是非洲人（55.6%，104206
人），而白人学生占 5.3%（9908 人），其次是有色学生 3.8%（7041 人）
和印裔/亚裔学生 2.1%（3930 人）。与其他人口群体相比，非洲学生在所
有学历类别中的入学率都更高（超过 60%）。大部分非洲学生报读 Report
191（N4～N6），而大多数有色、印裔/亚裔和白人学生报名参加职业资格考
试（见表 2-29）。

表 2-29　2017 年按资格类别和人口群体划分的私立学院的入学人数

单位：人

资格类型	非洲学生	有色学生	印裔/亚裔学生	白人学生	其他学生	总计
国家职业资格 2～4 级	2920	77	112	187	11	3307
Report 191（N1～N3）	29817	1010	917	3767	211	35722
Report 191（N4～N6）	38606	948	882	1766	132	42334
职业资格	30018	4415	1798	4120	226	40577
Report 550/NSC	2845	591	221	68	857	4582
总计	104206	7041	3930	9908	1437	126522

资料来源：SPETSA2017。

2017 年，有特殊需求教育的学生占私立学院注册学生总数（187354
人）的 1.0%（1838 人），其中男女学生比例相似（46.7% 和 53.3%）。表
示有轻度至中度智力障碍的学生人数最多（566 人），其次是身体残疾（519
人）。有听力障碍、轻度至中度不同程度智力障碍、部分视力障碍/弱视、
癫痫和身体残疾的女性多于男性（见表 2-30）。

表 2 – 30   2017 年按残疾类型和性别划分的私立学院的特殊需求教育学生数

单位：人

学习障碍	女生	男生	总计
多动症	36	46	82
自闭症谱系障碍	1	2	3
行为/举止	9	11	20
失明	12	13	25
脑瘫	7	9	16
耳聋	73	96	169
聋音	2	2	4
癫痫	38	22	60
听力障碍	40	19	59
轻度至中度智力障碍	288	278	566
中度至重度/深度智力障碍	29	29	58
部分视力障碍/低视力	98	49	147
身体残疾	302	217	519
严重智障	5	10	15
特殊学习障碍	30	43	73
精神障碍	10	12	22
总计	980	858	1838

资料来源：SPETSA2017。

2017 年职业资格入学人数占私立学院总入学人数的 21.7%。在商务、商业和管理研究领域，有 1/3 以上的学生获得了职业资格证书（17150 人），而在文化艺术（259 人）、传播学和语言（270 人）领域获得职业资格证书的学生最少。

与男性相比（39.3%，15936 人），职业资格课程入学的女性比例较高（60.7%，24641 人），并且在商务、商业和管理研究领域中性别差异最大，女生比男生多 5248 人。健康科学和社会服务领域的女性人数也比男性多。而男性比女性多的领域为制造、工程和技术，法律、军事科学与安全，实物规划与建设以及物理、数学、计算机和生命科学领域（见表 2 – 31）。

表 2 – 31 2017 年按职业资格和性别划分的私立学院的入学人数

单位：人

资格领域	女生	男生	总计
农业和自然保护	535	458	993
商务、商业和管理研究	11199	5951	17150
传播学和语言	170	100	270
文化艺术	156	103	259
教育、培训和发展	2518	1993	4511
健康科学和社会服务	2793	1336	4129
人类和社会研究	828	288	1116
法律、军事科学与安全	919	1051	1971
制造、工程和技术	1695	2196	3891
实物规划与建设	276	370	646
物理、数学、计算机和生命科学	822	861	1683
服务业	2730	1228	3958
总计	24641	15936	40577

资料来源：SPETSA2017。

表 2 – 32 2017 年按资格类别和省份划分的私立学院的在校生数

单位：人

省份	国家职业资格	Report 191 N1 ~ N3	Report 191 N4 ~ N6	职业资格	Report 550/ NSC	其他	总计
东开普省	0	36	327	2080	0	14081	16524
自由州省	246	2424	2178	570	607	639	6664
豪登省	1432	17714	22601	20394	1170	23580	86891
夸祖鲁－纳塔尔省	1014	3297	8186	4973	76	4687	22233
林波波省	2	2258	3910	1934	35	608	8747
姆普马兰加省	365	4184	1906	1126	0	2642	10223
西北省	0	1311	720	1157	0	340	3528
北开普省	0	0	0	6	0	0	6
西开普省	248	4498	2506	8337	2694	14255	32538
全国	3307	35722	42334	40577	4582	60832	187354

资料来源：SPETSA2017。

2017 年在豪登省几乎所有课程的学生人数都是最多的，其中"其他"课程的学生最多（23580 人），其次是 Report 191（N4～N6）（22601 人）和职业资格证书（20394 人）。尽管 Report 550／NSC 的入学率最低，但参加这些课程的学生中有一半以上在西开普省（58.8%，2694 人）学习（见表 2 - 32）。

2017 年，就读于私立学院的 187354 名学生中，超过 45% 的学生在豪登省（46.4%，86891 人）学习、在西开普省（17.4%，32538 人）和夸祖鲁 - 纳塔尔省（11.9%，22233 人）私立学院学习和学生也较多，而在北开普省注册的学生比例最低（0.0%，6 人）。2017 年，私立学院的讲师人数为 3315人，其中豪登省占 44.6%。进入豪登省的学生所占比例几乎与在豪登省的讲师比例相同（46.4%）（见表 2 - 33）。

表 2 - 33　2017 年各省私立学院的讲师和学生人数

单位：人

省份	讲师	学生
东开普省	148	16524
自由州省	165	6664
豪登省	1478	86891
夸祖鲁 - 纳塔尔省	482	22233
林波波省	170	8747
姆普马兰加省	150	10223
西北省	81	3528
北开普省	2	6
西开普省	639	32538
全国	3315	187354

资料来源：SPETSA2017。

九　南非的技能培训与行业教育署（SETA）

（一）南非的技能培训与行业教育署概述

技能培训与行业教育署（简称行业教育培训署）是根据南非政府《技能发展法》（1998 年第 97 号法案）而设立的，目前共有 21 个行业教育培训署。高等教育与培训部负责管理 SETA 的绩效，以确保上述职能得到有效和高效的执行。

SETA 旨在确保大量年轻人能够通过学习、实习和技能训练项目，获得基于工作场所的培训，从而实现"共同将每个工作场所转变为培训空间"的目标。

SETA 主要职责为组织和保障特定领域的学习资金，而工作学习教育就是其一。工作学习教育是南非在学徒教育基础上发展而来的一种创新的职业技能教育制度，是一种仍在探索中的新的职业技能教育制度，要对其进行全面的、定义性的概括比较困难。2008 年修订的《技能发展法》列举了举办工作学习教育项目的条件：项目须由行业教育培训署设立，所立项目必须向高等教育与培训部部长报备，项目须包含系统的理论学习和系统的工作实践环节，每个项目都要对应于在南非资格认证局中注册的一个职业类资格。

综观以上规定和具体的实践，可将工作学习教育项目归纳为：由雇主向行业教育培训署申办，并在后者的监督和资助下，依照工作学习教育协议（Learnership Agreement）和劳动合同的约定，向公开招录的学习者提供一种带薪的包含有指导的在岗实践和系统的理论教育这两个环节并预期能够获得国家承认和行业认可的职业资格的职业技术教育项目。

然而以上的概括只是从组织形式上对具体的工作学习教育项目进行了描述，却不足以解释工作学习教育制度的运行机制。工作学习教育不只是围绕雇主、教育机构和学习者三方在具体的技能人才培养模式上所做的创新，它还是由国家技能战略决定的一种新的职业技能教育制度。它的运转离不开围绕这种新的教育形式构建起来的多个系统之间的整合与联动。

政府希望用工作学习教育制度完全取代旧的学徒教育制度。尽管 2012 年南非高等教育与培训部明确表示暂停取消与学徒教育配套的国家证书课程的政策，仍保留了一部分的学徒教育项目，但暂时保留下来的项目已被加以改造，以便其逐渐融入围绕工作学习教育而建立的新的技能培训体系。

2008 年修订后的《技能发展法》明确指出，学徒教育将被纳入工作学习教育的概念，但同时又将"工作学习教育""学徒教育""技能项目"并列，作为"学习项目"的下位概念。该法的此次修订还要求将原有的学徒教育协议转换成工作学习教育协议。当前，工作学习教育的概念在广义上包括了一般的工作学习教育和学徒教育，而狭义的理解则仅指前者。从趋势上看，学徒教育最终将会完全被工作学习教育取代。

一般而言，工作学习教育的招生范围是非常宽泛的。但是具体到每一个项目，入学要求与对应的职业资格的门类和层次有关。工作学习教育项目在初等（NQF1）、中等（NQF2～NQF4）和研究生以下的第三级教育层次（NQF5～NQF8）上均会有分布。各个项目的准入门槛不同，有的是零起点，有的需要十二年级的毕业证书（高中毕业），有的还限定了具体的学科背景。在职人员可以申请参加由本单位举办的与本职工作相关的工作学习教育项目。未就业人员的招录则与求职相仿。在不违反非歧视和公平原则的基础上，雇主拥有决定权。

（二）南非行业教育培训署的教育情况

2017/2018 财政年度在 SETA 支持学习计划中注册的学习者总数为 269147 人，比 2016/2017 财政年度（249680 人）增加了 7.8%（19467 人）。这主要是由于技能项目注册人数（13514 人）和工作学习教育注册人数（10234 人）的增加，而同期的实习注册人数减少了 4281 人。在 2017/2018 财政年度，在 269147 名 SETA 支持的学习计划的学习者中，超过一半的学习者在技能项目中进行了注册（53.7%，144531 人），其次是工作学习教育（41.5%，111681 人），而注册实习的学生人数有所减少（4.8%，12935 人）。2011～2017 年，也可以观察到类似的趋势。

在 2017/2018 财政年度，共有 177477 名学习者获得了 SETA 支持的学习计划的认证。该数字表明，与 2016/2017 财政年度相比，获得证书的学习人数减少了 1.9%（3521 人）。工作学习教育证书的数量减少幅度（10078 人）最大。尽管获得认证的比例总体下降，但在 2016/2017～2017/2018 财年，获得技能项目认证的人数仍取得 5.9%（6838 人）的增长。与注册类似，大多数学习者获得了技能项目认证（69.3%，122979 人），其次是工作学习教育（27.0%，48002 人），而获得实习证书的人最少（3.7%，6496 人）（见表 2-34）。

表 2 - 34　2011～2017 年由 SETA 支持的学习计划①中注册和认证的人员数量

单位：人

年份	注册人数				获取证书人数			
	工作学习教育	实习	技能项目	总注册人数	工作学习教育	实习	技能项目	总注册人数
2011/2012	43871	3452	87906	135229	29197	878	87527	117602
2012/2013	50885	6127	74587	131599	37158	2195	86491	125844
2013/2014	75782	8017	92508	176307	38796	2510	109547	150853
2014/2015	77931	12006	137880	227817	40891	3663	106459	151013
2015/2016	94369	13135	123593	231097	43322	3352	127144	173818
2016/2017	101447	17216	131017	249680	58080	6777	116141	180998
2017/2018	111681	12935	144531	269147	48002	6496	122979	177477

资料来源：SPETSA2017。

如表 2 - 35 所示，2011/2012～2017/2018 财年，在 SETA 支持的学习计划注册并获得证书的学习者中，女性所占比例一直高于男性。2017/2018 财年，注册和认证的女性学习者的比例分别为 62.3% 和 52.5%。

2017/2018 财年，技能项目的性别差异最大，女性注册人数比男性多43359 人。2016/2017～2017/2018 财年注册的女性学习者人数增加了26.2%，即 34821 人，其中技能项目的增加最多（29.8%，21542 人）。在同一时期，注册的男性学习者人数下降了 13.2%（15354 人），而获得证书的男性学习者人数则微增了 2.5%（2072 人）。

表 2 - 36 表明，2017/2018 财年，注册 SETA 支持学习计划的工人总数为 124456 人（占注册总数的 46.2%），其中 72.0%（89632 人）注册了技能项目，28.0%（34824 人）注册了工作学习教育。与预期目标相比，实际完成人数超了 10024 人，其中技能项目的超额完成数量最大（12%，9785人）。采矿资格认证署在此期间的完成人数最多（超额 15969 人，107%），而教育培训与发展实践教育培训署、能源和水利教育培训署以及财务和会计服务教育培训署的完成人数最低（分别为 4%、10% 和 50%）。

———————

① 工作学习教育是指具有职业资格或部分资格的学习计划，其中包括学徒制和进修，此类别中包括的学习者数量不含工匠；实习是指由行业与职业教育质量委员会（QCTO）注册的职业资格结构化工作经验组成部分；技能项目是指 NQF 中定义的部分资格。

表2-35 2011～2017年按性别划分的由SETA支持的学习计划中注册和认证的人员数量

单位：人

年份	注册人数								获取证书人数							
	工作学习教育		实习		技能项目		总注册人数		工作学习教育		实习		技能项目		总注册人数	
	女性	男性	女性	男性	女性	男性	女性	男性	女性	男性	女性	男性	女性	男性	女性	男性
2011/2012	26323	13438	2002	1250	47469	39849	75794	54537	15766	12835	446	396	49015	36987	65227	50218
2012/2013	27986	22389	3860	1867	46243	27465	78089	51721	18950	16907	1163	948	45840	38574	65953	56429
2013/2014	47742	25327	5772	1645	52729	39779	106243	66751	20561	16366	1355	1035	59155	48987	81071	66388
2014/2015	40524	32802	8164	3534	79970	51890	128658	88226	22081	18408	1978	1596	59617	44874	83676	64878
2015/2016	49993	38287	5698	5391	66740	54253	122431	97931	23827	19208	1776	1365	67556	56389	93159	76962
2016/2017	50665	50782	9897	7319	72403	58614	132965	116715	30075	28005	3788	2989	64912	51229	98775	82223
2017/2018	67008	44673	6833	6102	93945	50586	167786	101361	24951	23051	3855	2641	64376	58603	93182	84295

资料来源：SPETSA2017。

表2-36　2017/2018财年按计划类型划分的SETA支持的学习计划的注册工人人数

单位：人

SETA	工作学习教育			技能项目			总目标	总完成人数
	目标	实际	完成率	目标	实际	完成率		
农业教育培训署	3050	1584	52%	3622	4400	121%	6672	5984
银行业教育培训署	600	1263	211%	900	306	34%	1500	1569
文化艺术旅游酒店和体育教育培训署	1750	1228	70%	1500	2141	143%	3250	3369
建筑业教育培训署	52	64	123%	125	473	378%	177	537
化学工业教育培训署	1900	2144	113%	3500	3912	112%	5400	6056
教育培训和发展实践教育培训署	1000	25	3%	5000	196	4%	6000	221
能源和水利教育培训署	150	368	245%	3400	0	0%	3550	368
财务和会计服务教育培训署	640	1024	160%	16500	7609	46%	17140	8633
食品和饮料制造业教育培训署	1600	1937	121%	1200	1503	125%	2800	3440
纤维加工和制造业教育培训署	875	1003	115%	2400	5225	218%	3275	6228
卫生和福利教育培训署	3000	2424	81%	7000	4295	61%	10000	6719
保险业教育培训署	1000	1075	108%	2400	4203	175%	3400	5278
地方政府教育培训署	5000	3133	63%	6000	6556	109%	11000	9689
制造工程及相关服务业教育培训署	928	2710	292%	2000	6489	324%	2928	9199
媒体信息和通信技术教育培训署	100	114	114%	400	247	62%	500	361
采矿资格认证署	1900	2166	114%	13000	28703	221%	14900	30869
公共服务部门教育培训署	200	0	0%	900	1008	112%	1100	1008
安全及安保业教育培训署	2500	2510	100%	3500	3505	100%	6000	6015
服务业教育培训署	2840	3958	139%	3500	55833	167%	6340	9791
运输业教育培训署	1500	1369	91%	500	1084	217%	2000	2453

续表

SETA	工作学习教育			技能项目			总目标	总完成人数
	目标	实际	完成率	目标	实际	完成率		
批发和零售业教育培训署	4000	4725	118%	2500	1944	78%	6500	6669
总计	34585	34824	101%	79847	89632	112%	114432	124456

资料来源：SPETSA2017。

工作学习教育的总体完成率为101%，其中制造工程及相关服务业教育培训署、能源和水利教育培训署以及银行业教育培训署的完成率较高。公共服务部门教育培训署没有为学习者注册任何工作学习教育，而教育培训和发展实践教育培训署、农业教育培训署和地方政府教育培训署的完成率较低。

建筑业教育培训署是工作学习教育项目完成率的最大贡献者，其次是制造工程及相关服务业教育培训署和采矿资格认证署。尽管技能项目总体上超额完成，但能源和水利教育培训署的技能项目成绩为零，而银行业教育培训署、财务和会计服务教育培训署以及教育培训和发展实践教育培训署的成绩很低。

2017/2018财年，共有101711名工人获得了SETA支持的学习计划的证书，其中有大量工人获得了技能项目的证书（85320人，83.9%），而有16391名（16.1%）的工人获得了工作学习教育的证书。计划总体上超额完成了20757人，其中技能项目是最大的贡献者，超额完成了24573人，而工作学习教育未完成计划数为3816人（见表2－37）。

表2－37 2017/2018财年按计划类型划分的SETA支持的学习计划的获认证工人人数

单位：人

SETA	工作学习教育			技能项目			总目标	总完成人数
	目标	实际	完成率	目标	实际	完成率		
农业教育培训署	2030	1096	54%	1912	4399	230%	3942	5485
银行业教育培训署	260	929	357%	0	0	n. a.	260	929
文化艺术旅游酒店和体育教育培训署	200	413	207%	200	1023	512%	400	1436

SETA	工作学习教育			技能项目			总目标	总完成人数
	目标	实际	完成率	目标	实际	完成率		
建筑业教育培训署	25	97	388%	63	668	1060%	88	765
化学工业教育培训署	875	1117	128%	1750	3097	177%	2625	4214
教育培训和发展实践教育培训署	1750	527	30%	3500	3331	95%	5250	3858
能源和水利教育培训署	100	621	621%	2500	1590	64%	2600	2211
财务和会计服务教育培训署	230	161	70%	16500	7755	47%	16730	7916
食品和饮料制造业教育培训署	800	833	104%	600	1276	213%	1400	2109
纤维加工和制造业教育培训署	590	685	116%	1575	3783	240%	2165	4468
卫生和福利教育培训署	2400	1347	56%	5600	3657	65%	8000	5004
保险业教育培训署	490	566	116%	1182	4548	385%	1672	5114
地方政府教育培训署	2750	1050	38%	4950	7976	161%	7700	9026
制造工程及相关服务业教育培训署	946	1861	197%	1300	2653	204%	2246	4514
媒体信息和通信技术教育培训署	100	20	20%	200	169	85%	300	189
采矿资格认证署	800	1627	203%	13000	33538	258%	13800	35165
公共服务部门教育培训署	150	113	75%	800	0	0%	950	113
安全及安保业教育培训署	1600	1005	63%	2000	2580	129%	3600	3585
服务业教育培训署	1490	417	28%	1241	1631	131%	2731	2048
运输业教育培训署	1421	751	53%	1074	806	75%	2495	1557
批发和零售业教育培训署	1200	1155	96%	800	840	105%	2000	1995
总计	20207	16391	81%	60747	85320	140%	80954	101711

资料来源：SPETSA2017。

建筑业教育培训署是技能项目超额完成的最大贡献者，其次是文化艺术旅游酒店和体育教育培训署和保险业教育培训署，而银行业教育培训署和公共服务部门教育培训署在2017/2018财年没有获得任何技能项目证书。财务和会计服务教育培训署的认证工人人数最少，其次是能源和水利教育培训署。

如表2-38所示，2017/2018财年，在SETA支持的学习计划中注册的失业者总数为144691人，其中一半以上的失业者（53.1%，76857人）注册了工作学习教育，而37.9%（54899人）的失业者注册了技能项目，有8.9%的失业者（12935人）注册了实习。与注册目标相比，总体上超额完成了40346个失业者的注册，这意味着超额完成了39%。

技能项目的超额完成率最高，其次是工作学习教育和实习。制造工程及相关服务业教育培训署是技能项目注册完成率的最大贡献者，其次是批发和零售业教育培训署、文化艺术旅游酒店和体育教育培训署。2017/2018财年，失业者注册学习计划的人数比设定的目标多40346人。

表2-39表明，2017/2018财年，总共有75766名失业者获得了SETA支持的学习计划的证书，比设定的目标高出11383人。但仅技能项目的认证完成率超标，而工作学习教育和实习的目标并未实现。

文化艺术旅游酒店和体育教育培训署是技能项目获认证完成率的最大贡献者，其次是化学工业教育培训署、制造工程及相关服务业教育培训署和银行业教育培训署。尽管技能项目认证完成率超标，但公共服务部门教育培训署技能项目完成率为0，地方政府教育培训署以及教育培训和发展实践教育培训署的成绩较低。

2017/2018财年，失业者获学习计划认证的人数比设定的目标多11383人。

十 南非国家工匠发展计划（ARTISANS）

（一）南非国家工匠发展计划概述

在一系列国家战略中，国家工匠的地位日益提升，并被确定为技能开发的优先领域。2013年11月，南非批准的《学校后教育与培训白皮书：建立

表2-38 2017/2018年按计划类型划分的SETA支持的学习计划中注册的失业者人数

单位：人

SETA	工作学习教育			实习			技能项目			总目标	实际总数
	目标	实际	完成率	目标	实际	完成率	目标	实际	完成率		
农业教育培训署	3050	1868	61%	365	366	100%	3900	4582	117%	7315	6818
银行业教育培训署	900	1308	145%	100	104	104%	80	226	283%	1080	1638
文化艺术旅游酒店与体育教育培训署	1700	3175	187%	300	300	100%	1100	4027	366%	3100	7502
建筑业教育培训署	3100	4565	147%	500	530	106%	1450	3340	230%	5050	8435
化学工业教育培训署	2400	3022	126%	530	538	102%	1350	2392	177%	4280	5952
教育培训与发展实践教育培训署	1600	1657	104%	250	406	162%	1700	1929	113%	3550	3992
能源和水利教育培训署	1200	2068	172%	930	240	26%	0	423	—	2130	2731
财务和会计服务教育培训署	7190	4427	62%	300	98	33%	1990	2259	114%	9480	6784
食品和饮料制造业教育培训署	1500	2176	145%	600	426	71%	0	0	—	2100	2602
纤维加工和制造业教育培训署	1915	2513	131%	280	346	124%	950	2094	220%	3145	4953
卫生和福利教育培训署	3000	2070	69%	1000	756	76%	2000	1933	97%	6000	4759
保险业教育培训署	1300	1339	103%	800	825	103%	1200	11341	112%	3300	3505
地方政府教育培训署	3900	5633	144%	650	926	142%	3360	5042	150%	7910	11601
制造工程及相关服务业教育培训署	1296	4751	367%	188	554	295%	1725	10341	599%	3209	15646
媒体信息和通信技术教育培训署	3100	3159	102%	1800	1858	103%	1900	1072	56%	6800	6089
采矿资格认证署	2900	2915	101%	500	510	102%	6000	6389	106%	9400	9814
公共服务部门教育培训署	200	383	192%	0	0	—	0	0	—	200	383

续表

SETA	工作学习教育			实习			技能项目			总目标	实际总数
	目标	实际	完成率	目标	实际	完成率	目标	实际	完成率		
安全及安保业教育培训署	3000	3002	100%	400	400	100%	2500	2505	100%	5900	5907
服务业教育培训署	9413	19651	209%	2109	3267	155%	450	859	191%	11972	23777
运输业教育培训署	1674	2027	121%	450	467	104%	850	2153	253%	2974	4647
批发和零售业教育培训署	4600	5148	112%	350	18	5%	500	1992	398%	5450	7158
总计	58938	76857	130%	12402	12935	104%	33005	54899	166%	104345	144691

资料来源：SPETSA2017。

表2-39　2017/2018年按计划类型划分的SETA支持的学习计划的获认证失业者人数

单位：人

SETA	工作学习教育			实习			技能项目			总目标	实际总数
	目标	实际	完成率	目标	实际	完成率	目标	实际	完成率		
农业教育培训署	2588	1253	48%	150	178	119%	1750	4582	262%	4488	6013
银行业教育培训署	553	1233	223%	0	66	—	64	212	331%	617	1511
文化艺术旅游酒店和体育教育培训署	250	1241	496%	300	312	104%	500	4165	833%	1050	5718
建筑业教育培训署	1550	2793	180%	250	82	33%	725	2106	290%	2525	4981
化学工业教育培训署	1200	2062	172%	265	553	209%	675	2413	357%	2140	5028
教育培训和发展实践教育培训署	1000	1408	141%	1225	1427	116%	2660	1683	63%	4885	4518
能源和水利教育培训署	900	775	86%	315	0	0%	0	49	—	1215	824
财务和会计服务教育培训署	2580	2823	109%	0	0	—	1393	1139	82%	3973	3962
食品和饮料制造业教育培训署	800	968	121%	300	302	101%	0	0	—	1100	1270
纤维加工和制造业教育培训署	1265	1619	128%	175	184	105%	650	2066	318%	2090	3869
卫生和福利教育培训署	2400	2024	84%	800	421	53%	1600	3874	242%	4800	6319
保险业教育培训署	637	713	112%	480	534	111%	588	622	106%	1705	1869
地方政府教育培训署	2800	2387	85%	350	134	38%	3800	876	23%	6950	3397
制造工程及相关服务业教育培训署	1427	2197	154%	210	400	190%	1040	3682	354%	2677	6279
媒体信息和通信技术教育培训署	1500	1075	72%	750	722	96%	900	1124	125%	3150	2921
采矿资格认证署	1000	1358	136%	275	284	103%	6000	6554	109%	7275	8196
公共服务部门教育培训署	50	52	104%	0	0	—	50	0	0%	100	52

续表

SETA	工作学习教育			实习			技能项目			总目标	实际总数
	目标	实际	完成率	目标	实际	完成率	目标	实际	完成率		
安全及安保业教育培训署	2000	1847	92%	300	259	86%	900	833	93%	3200	2939
服务业教育培训署	4582	417	9%	579	383	66%	300	322	107%	5461	1122
运输业教育培训署	2337	2536	109%	121	234	193%	429	1002	234%	2887	3772
批发和零售业教育培训署	1450	830	57%	245	21	9%	400	355	89%	2095	1206
总计	32869	31611	96%	7090	6496	92%	24424	37659	154%	64383	75766

资料来源：SPETSA2017。

扩大、有效和综合的后学校体系》①中，强调了培养工匠的重要性。该白皮书认为，在手工业等工作领域，传统的学徒制是获得技能的重要途径，重建良好的工匠培训体系是当务之急。南非的目标是到2030年实现每年培养3万名工匠。目前，平均每年只能培养2.1万名合格的工匠，因此在接下来的几年中，必须大幅增加工匠人数。

工匠认证须遵循几个步骤才能完成。这些步骤包括完成理论部分、实践培训部分、系统化工作场所培训和相关测试。随着对工匠培养关注程度的提升，南非注册和完成工匠培训的学员人数呈上升趋势。

（二）南非国家工匠发展计划的教育情况

南非《技能发展法》将工匠定义为：证明有能力从事某种职业的人。根据2013年8月31日发布的35625号政府公告，南非有125种工匠类别。每种类别都可以通过特殊代码职业分类框架（OFO）进行识别（见表2-40）。

表2-40 部分工匠及其职业分类框架（OFO）代码

职业分类框架代码	职业	职业分类框架代码	职业
641201	瓦工	671202	机械安装工
641301	石匠	671203	机电一体化技术员
641303	耐火泥瓦匠	671204	升降机技工
641501	木工和细木工	651202	焊工
641502	木匠	651301	钣金工
671101	电工	651302	锅炉工

资料来源：SPETSA2017。

表2-41数据显示，2017/2018财年，参加工匠学习项目的学习者总数为32330人。与2016/2017财年相比，参加工匠学习项目的学习者数量增加了1513人。

---

① Department of Higher Education and Training. *White Paper for Post-School Education and Training*：*Building an Expanded*，*Effective and Integrated Post-School*［R］. Pretoria：Department of Higher Education and Training，2013.

表 2–41　2011～2017 年按机构划分的参加工匠学习项目的人数

单位：人

财年 机构	2011/2012	2012/2013	2013/2014	2014/2015	2015/2016	2016/2017	2017/2018
农业教育培训署	96	70	116	244	347	227	193
文化艺术旅游酒店和体育教育培训署	563	662	312	840	514	683	639
建筑业教育培训署	1849	579	1342	2104	1737	2024	8731
化学工业教育培训署	2541	1989	1694	2164	3372	4263	3172
能源和水利教育培训署	1046	1316	390	507	1378	1287	1789
食品和饮料制造业教育培训署	15	—	267	70	45	178	167
纤维加工和制造业教育培训署	351	584	426	958	459	419	290
卫生和福利教育培训署	—	—	—	109	119	87	74
学习、就业技能和劳动国家发展评估研究所	5227	5795	7865	7122	5734	7311	5508
地方政府教育培训署	413	528	294	754	1020	888	646
制造工程及相关服务业教育培训署	6254	4951	10394	7606	8130	8038	6755
采矿资格认证署	2525	2365	2468	2621	1848	1978	1872
公共服务部门教育培训署	78	53	2	48	33	34	20
安全及安保业教育培训署	—	516	385	539	467	401	77
服务业教育培训署	2104	984	968	761	1127	1416	1416
运输业教育培训署	1019	711	538	1579	1778	1314	981
批发和零售业教育培训署	334	746	209	276	532	269	0
总计	24415	21849	27670	28302	28640	30817	32330

资料来源：SPETSA2017。

2017/2018 财年，参加建筑业教育培训署组织的工匠学习项目人数最多，有 8731 名学习者，其次是制造工程及相关服务业教育培训署（6755名）。参加公共服务部门教育培训署组织的工匠学习项目的学习者人数最少（20 名），而批发和零售业教育培训署同期未录取任何学习者。

表 2-42 数据显示，参加工匠学习项目的学员绝大多数集中在豪登省（8414 人，26.0%），其次是夸祖鲁-纳塔尔省（5946 人，18.4%）、姆普马兰加省（3816 人，11.8%）和林波波省（3290 人，10.2%）。北开普省的学习者人数最少，为 973 人（3.0%）。进入工匠学习项目的学习者中，女性的比例为 28.0%（9044 人），而男性的比例为 72.0%（23286 人）。在豪登省和夸祖鲁-纳塔尔省，性别差异较大，男性学习者分别比女性多了4632 人和 4446 人。

表 2-42　2017/2018 财年按省、国籍和性别划分的参加工匠学习项目的人数

单位：人

省份	女性	男性	总数
东开普省	845	1302	2147
北开普省	327	646	973
自由州省	1062	1642	2704
夸祖鲁-纳塔尔省	750	5196	5946
西北省	663	1267	1930
豪登省	1891	6523	8414
姆普马兰加省	1322	2494	3816
林波波省	1299	1991	3290
西开普省	835	2080	2915
南非	49	144	193
南非以外	1	1	2
总计	9044	23286	32330

资料来源：SPETSA2017。

表 2-43 数据表明，尽管参加电工培训的人数很多，但仍需要进行更多培训，因为该行业人才仍被列为特殊基础设施项目（SIPs）的稀缺技能人才之一。

表 2 - 43   2017/2018 财年按特殊基础设施项目稀缺技能和
性别划分的参加工匠学习项目的人数

单位：人

职业	女性	男性	总数
电工	2483	5181	7664
机械钳工	279	1518	1797
焊工	734	1787	2521
柴油机修理工	145	1117	1262
水管工	1494	2600	4094
锅炉工	330	1353	1683
汽车电机技工	117	1441	1558
机械安装工	121	625	746
装配工	84	636	720
钳工和车工	197	769	966
木匠	371	420	791
瓦工	1682	1438	3120
杠/细木工	0	2	2
细木工	7	11	18
管钳工	6	9	15
总计	8050	18907	26957

资料来源：SPETSA2017。

在参加特殊基础设施项目稀缺技能工匠学习项目的学习者中，女性的
比例为 29.9%（8050 人），男性为 70.1%（18907 人）。而瓦工是唯一一个
女性学习者多于男性的职业类别，女性学习者占 53.9%。汽车电机技工职
业中，女性所占比例最低（7.5%），而男性占主导地位（92.5%）。此外，
性别差异较大的是电工职业，男性比女性多 2698 人。

2017/2018 财年，完成工匠学习项目的学习者总数为 21151 人。与
2016/2017 财年相比，减少了 47 人。制造工程及相关服务业教育培训署减
少的人数最多，与 2016/2017 财年相比，2017/2018 财年完成工匠学习项目
的人数减少了 1722 名（见表 2 - 44）。

表 2 - 44　**2011～2017 年按机构划分的完成工匠学习项目的人数**

单位：人

机构 ＼ 财年	2011/2012	2012/2013	2013/2014	2014/2015	2015/2016	2016/2017	2017/2018
农业教育培训署	77	149	100	121	154	228	195
文化艺术旅游酒店和体育教育培训署	282	1007	1161	86	—	—	1590
建筑业教育培训署	699	520	9	5	504	1344	957
化学工业教育培训署	989	1279	287	547	743	946	344
能源和水利教育培训署	571	37	1841	360	470	697	629
食品和饮料制造业教育培训署	160	36	168	—	—	13	63
纤维加工和制造业教育培训署	—	—	4	30	101	124	114
卫生和福利教育培训署				8	36	74	91
学习、就业技能和劳动国家发展评估研究所	3392	1355	2077	3177	2952	3224	4133
地方政府教育培训署	226	305	81	383	87	232	453
制造工程及相关服务业教育培训署	3155	7166	7522	6869	8352	9660	7938
采矿资格认证署	2566	2035	3597	1617	1382	1807	1931
公共服务部门教育培训署	1	5	—	—	30	15	35
安全及安保业教育培训署	—	—	101	—	—	227	171
服务业教育培训署	1521	841	185	348	550	1245	1427
运输业教育培训署	208	169	478	718	714	1359	1075
批发和零售业教育培训署	176	373	399	120	39	3	5
总计	14023	15277	18110	14389	16114	21198	21151

资料来源：SPETSA2017。

2017/2018 财年数据显示，制造工程及相关服务业教育培训署完成工匠学习项目的人数最多（7938 人），其次是学习、就业技能和劳动国家发展评估研究所（4133 人）。

数据显示，豪登省完成工匠学习项目的学习者最多（8833 人，41.8%），其次是夸祖鲁 – 纳塔尔省（2898 人，13.7%）。豪登省的性别差异也最大，男性比女性多 5819 人。在女性中，完成工匠学习项目人数最多的是豪登省（1507 人）（见表 2 – 45）。

表 2 – 45　2017/2018 财年按省、国籍和性别划分的完成工匠学习项目的人数

单位：人

省份	女性	男性	总计
东开普省	268	828	1096
自由州省	145	457	602
豪登省	1507	7326	8833
夸祖鲁 – 纳塔尔省	671	2227	2898
林波波省	411	873	1284
姆普马兰加省	551	1397	1948
北开普省	82	364	446
西北省	187	620	807
西开普省	300	1745	2045
未标明	168	1020	1188
南非以外	0	4	4
总计	4290	16861	21151

资料来源：SPETSA2017。

总体而言，稀缺和关键行业的培训占南非所有与工匠有关培训的最大比重（73%），其中女性占 17.1%，男性占 82.9%。电工职业的性别差异最大，男性比女性多 3074 人。尽管完成工匠学习项目的女性人数较少，但在各种职业中，女性完成电工职业的比例较高（47.1%）。与其他职业相比，男性完成电工职业工匠学习项目的比例较高（33.7%）（见表 2 – 46）。

表 2－46 2017/2018 财年按特殊基础设施项目稀缺技能
和性别划分的完成工匠学习项目的人数

单位：人

职业	女性	男性	总计
电工	1249	4323	5572
机械钳工	195	1410	1605
焊工	267	1090	1357
柴油机修理工	145	1205	1350
水管工	186	1034	1220
锅炉工	96	975	1071
汽车电机技工	88	890	978
机械安装工	129	580	709
装配工	56	622	678
钳工和车工	42	326	368
木匠	114	190	304
瓦工	82	189	271
细木工	0	4	4
管钳工	0	0	0
总计	2649	12838	15487

资料来源：SPETSA2017。

2017/2018 财年，行业教育培训署和学习、就业技能和劳动国家发展评估研究所所颁发的国家工匠证书的总数为 19100 人。在 2017/2018 财年颁发的证书总数中，近 1/3 是由制造工程及相关服务业教育培训署颁发的（32.0%，6108 人），学习、就业技能和劳动国家发展评估研究所（22.9%，4381 人）颁布的人数也较多（见表 2－47）。

表 2－47 2014～2017 年按经济部门划分的经 SETA 和 INDLELA 认证的工匠人数

单位：人

	经济部门	2014/2015 财年	2015/2016 财年	2016/2017 财年	2017/2018 财年
农业教育培训署	农业	190	186	219	193
文化艺术旅游酒店和体育教育培训署	文化、艺术、旅游、酒店和体育	—	1	1	—
建筑业教育培训署	建造	479	582	1058	1500

续表

	经济部门	2014/2015 财年	2015/2016 财年	2016/2017 财年	2017/2018 财年
化学工业教育培训署	化学品	572	861	1020	917
教育培训和发展实践教育培训署	教育培训	—	—	—	—
能源和水利教育培训署	能源与水	964	1170	993	666
食品和饮料制造业教育培训署	食品加工	2	—	14	63
纤维加工和制造业教育培训署	纤维加工与制造	98	106	106	111
卫生和福利教育培训署	健康与福利	16	79	73	116
学习、就业技能和劳动国家发展评估研究所	非 SETA 培养	4983	3791	3692	4381
地方政府教育培训署	地方政府	486	98	233	415
制造工程及相关服务业教育培训署	制造与工程	6890	6600	7061	6108
公共服务部门教育培训署	媒体信息和通信	—	—	—	—
采矿资格认证署	采矿和矿产	1876	2056	1974	1963
公共服务部门教育培训署	国家和省政府	—	29	14	36
安全及安保业教育培训署	安全保障	12	21	133	168
服务业教育培训署	服务业	1685	928	1271	1246
运输业教育培训署	运输	1028	1402	1541	1212
批发和零售业教育培训署	批发与零售	—	—	3	5
总计	—	19281	17910	19406	19100

资料来源：SPETSA2017。

与 2016/2017 财年（19406 人）相比，2017/2018 财年颁发的证书数量减少了 1.6%（306 人）。在此期间，制造工程及相关服务业教育培训署的下降幅度最大（953 人），其次是运输业教育培训署（329 人）、能源和水利教育培训署（327 人）。尽管总体下降，但学习、就业技能和劳动国家发展评估研究所和建筑业教育培训署在 2016/2017 ~ 2017/2018 财年颁发的证书数量仍然有很高的增长（分别为 18.7% 和 41.8%）。2014/2015 ~ 2017/2018 财年，制造工程及相关服务业教育培训署以及学习、就业技能和劳动国家发展评估研究所颁发的证书数量最多。

第三章
南非的技能培训与行业教育署

南非有数百万人希望并需要学习新的技能，有些是在校生，也有些人已经就业，但他们仍需要提高并学习新的技能。在大约430万失业人员中，大多数人几乎没有受过任何技能培训。在每年离校的十二年级学习者中，有一半以上的人没有足够的基本工作技能。因此技能的发展以及培训和教育是影响南非公民就业和南非经济发展的重要因素。

一 南非的技能培训概况

在 2000 年之前，南非有 33 个行业培训部门，涵盖了国家的各个领域。1998 年，南非议会批准了《技能发展法》，该法确定了新的培训与教育管理系统，并在国家技能发展战略框架内成立一系列技能培训与行业教育署（简称行业教育培训署）。

目前南非有 21 个行业教育培训署，它们覆盖了南非的各个行业和领域。其主要作用是为特定领域提供技能培训，以促进国家技能发展战略（NSDS）目标的实现。为实现这一目标，每个行业教育培训署制定并实施针对本行业的技能培训计划，并监督本部门内的教育和培训机构。

国家技能发展战略（NSDS Ⅲ）将高等教育和继续教育与技能发展整合为一个单一的高等教育与培训部。这将促进雇主、公立教育机构（FET 学院、大学、技术大学）、私人培训机构和 SETA 之间的伙伴关系，以便所有南非人都能接受相应的教育和培训，并优先考虑加强公立大学、大学与雇主之间的关系。

行业教育培训署的培训基于工作场所，以学习、实习和提高技能三种形式开展。一旦行业教育培训署被南非资格认证委员会认证为教育和培训质量保证机构，它还会对其所在部门的培训提供商进行评估和认证。行业教育培训署根据《技能发展法》《技能发展税法》履行其职能，提供该领域的教育与培训，在工人和失业人员中培养本领域内的中级和高级技能人员。

为确保各个行业教育培训署高效地履行其职能，高等教育与培训部负责对其进行监督，提出了"共同将每个工作场所转变为培训空间"的口号，以确保大量年轻人能够通过学习、实习和提高技能计划，获得基于工作场所的培训。

行业教育培训署也可以由南非资格认证委员会认可为教育和培训质量认证机构（ETQA）。当提供培训的机构具有提供符合国家资格框架（NQF）标准质量的培训能力，并通过严格的申请流程后，可获得南非资格认证委员会的认证。

此外各行业教育培训署还负责以下工作：

- 管理根据《技能发展法》征收的资金；
- 促进在相关部门内创建学习体系；
- 执行保证学习体系质量的职能，以确保相应的培训质量标准；
- 确保学习者和劳动力成员具备相关行业所需的技能。

二 行业教育培训署详情

根据不同行业设立了 21 个行业教育培训署，如表 3 - 1 所示。SETA 的职责是通过国家技能发展战略框架内的战略部门技能规划来管理技能培训。

表 3 - 1 南非的行业教育培训署

序号	全称	培训部
1	Agricultural Sector Education and Training Authority	农业教育培训署
2	Banking Sector Education and Training Authority	银行业教育培训署
3	Culture, Art, Tourism, Hospitality, and Sport Sector Education and Training Authority	文化艺术旅游酒店和体育教育培训署
4	Construction Sector Education and Training Authority	建筑业教育培训署

续表

序号	全称	培训部
5	Chemical Industries Sector Education and Training Authority	化学工业教育培训署
6	Education, Training and Development Practices Sector Education and Training Authority	教育培训和发展实践教育培训署
7	Energy and Water Sector Education and Training Authority	能源和水利教育培训署
8	Financial and Accounting Services Sector Education and Training Authority	财务和会计服务教育培训署
9	Food and Beverage Manufacturing Industry Sector Education and Training Authority	食品和饮料制造业教育培训署
10	Fibre Processing and Manufacturing Sector Education and Training Authority	纤维加工和制造业教育培训署
11	Health and Welfare Sector Education and Training Authority	卫生和福利教育培训署
12	Insurance Sector Education and Training Authority	保险业教育培训署
13	Local Government Sector Education and Training Authority	地方政府教育培训署
14	Manufacturing, Engineering and Related Services Sector Education and Training Authority	制造工程及相关服务业教育培训署
15	Media, Information and Communication Technologies Sector Education and Training Authority	媒体信息和通信技术教育培训署
16	Mining Qualifications Authority	采矿资格认证署
17	Public Service Sector Education and Training Authority	公共服务部门教育培训署
18	Safety and Security Sector Education and Training Authority	安全及安保业教育培训署
19	Services Sector Education and Training Authority	服务业教育培训署
20	Transport Sector Education and Training Authority	运输业教育培训署
21	Wholesale and Retail Sector Education and Training Authority	批发和零售业教育培训署

行业教育培训署负责制订和实施部门技能计划，加强学习、实习、学徒、提高技能计划，并在相关部门分配资金。SETA 是根据 1998 年技能发展法案建立的，目的是缩小南非面临的技能差距，提高不同经济部门工作人员的技能。SETA 根据国家技能发展战略制定相应技能的提高战略，该战略有助于为各行业的技能规划和实施提供指导。国家技能发展战略指出，所有南非人尤其是青年人需要得到技能发展。技能发展已被确定为支撑南非经济增长的主要支柱之一，也被视为有助于在经济上解放以前处于不利地位的多数人的途径之一。

21 个行业教育培训署每年都会出具经过审计的财务报告和部门技能计划（SSP Sector Skills Plan）。其中部门技能计划的主要目标是通过调查该部门的经济和劳动力市场表现以及技能不匹配的程度来确定技能优先发展的重点领域，并识别部门内稀缺职业和技能差距，从而分配拨款，以解决南非人技能缺陷问题。

确定优先发展的技能并分析和制定适当的干预措施，需要有相关研究提供的技能规划支持。部门技能计划为决策提供基础信息，并为制订战略计划和年度绩效计划提供信息，以确保国家优先事项和对变革驱动因素定义的干预措施得以有效实施。

行业教育培训署从以下方面获得资金：

- 雇主支付的技能发展税；
- 国家技能基金；
- 赠款和捐赠；
- 行业教育培训署从投资中获得的利润。

（一）农业教育培训署

将发展农业作为实现撒哈拉以南非洲粮食安全、减贫和经济增长的关键驱动力已成为全球共识。为了在农业部门推行新战略和新方法，鼓励发展小农和新兴农业部门，对熟练农业工人的需求不断增加。

目前南非农业部门严重依赖非熟练和半熟练工人，土地改革项目的成功率一直处在较低水平，并且大多数职业技术教育与培训学院没有必要的基础设施（如农场），也不提供农业培训，因此农业部门必须努力改变农业形象以吸引年轻人，提升该部门的职业和商业价值。

农业教育培训署是一个多元化的组织，不仅负责与农业相关事务的人员技能培训，而且负责所有涉及食品和饮料以及林业活动人员的技能培训，并按照加工和制造、包装、干燥、储存、运输等不同功能划分了不同部门，工作范围主要包括：

- 各种农业生产，包括肉类、野味和鱼类、园艺和农作物；
- 红肉、家禽和鸡蛋生产；
- 加工茶、咖啡、坚果、烟草和各种纤维；

- 水果种植，包括包装、干燥、液化（果汁）、进出口；

- 谷物、糖和淀粉制品（包括面粉）的碾磨、制造、储存和各种处理；

- 宠物和其他动物饲料的生产；

- 分发和销售各种农业原材料；

- 研究、生产和销售防治害虫的种子。

农业教育培训署工作职能主要包括：

- 批准基于工作场所的技能发展计划，以便学习者确切地知道他们在哪里可以找到合适的工作场所进行实习；

- 确定适合学习者使用的工作场所，使其在学习中获得合适的工作场所体验；

- 分配可自由支配的拨款及助学金；

- 监督教育培训，确保学员得到正确和充分的培训；

- 支持学习材料的开发，以确保学习者学习到相关主题；

- 帮助制定和促进学习协议，并为学习者安全地签署这些协议；

- 确保农业教育培训署的培训工作获得南非资格认证局的认证，以保证所有学习都符合南非的相关标准；

- 收集并正确支付该部门技能发展所需的税款；

- 与国家技能管理局就政府的国家技能发展政策进行联络；

- 与国家技能管理局就政府的国家技能发展战略及其部门技能计划进行联络；

- 直接向政府总干事报告收入和支出以及部门技能计划的实施情况；

- 与劳工部的就业服务机构以及受南非教育相关法律监管的所有教育机构保持联系，旨在增加这些特定学习者的就业机会；

- 任命能够履行以上义务的工作人员；

- 执行《技能发展法》和《技能发展税法》要求的任何其他职责。

农业教育培训署在 2017/2018 财年报告中指出，将特别关注高等教育与培训部在年度初提出的培训和发展优先事项。这些优先事项旨在解决以下问题：

- 手工、技术和专业领域的技能持续短缺，解决这一问题对经济增长和发展至关重要；

• 工业政策执行计划、国家增长计划和国家发展计划中确定的推动本国工业化和矿产业战略所缺乏的技能；

• 培训与工作场所之间联系薄弱的问题。

此外，农业教育培训署提出，许多离开正规中等/高等教育进入农业劳动力市场的年轻人还不具备良好的工作能力，确定增长部门所需中级和高级技能的工作进展缓慢，部门的监测和报告系统（数据系统）还比较薄弱等。农业教育培训署的工作重点将放在确保这些优先事项在农业教育培训署的计划中得到体现，并解决农业技能短缺、推动工业化的技能稀缺和工作准备不足等问题。

农业教育培训署和高等教育与培训部签订了服务水平协议，负责支付实习、工匠发展、助学金、技能课程、在公立大学的综合学习、合作社、社区组织、非政府组织及 AET 的拨款。

（二）银行业教育培训署

南非拥有一个发达且具有活力的银行体系，因此，南非银行业吸引了很多国外投资者的兴趣，一些外国银行在该国设立办事处或收购南非主要银行的股份。根据 2017/2018 年世界经济论坛《全球竞争力报告》，南非在 137 个国家中排名第 61 位，下降了 14 位。南非银行业虽然属于垄断行业，但仍然具有很强的竞争力，致力于推行金融产品的多样化，并在国际最佳范式内扩大其服务范围。随着传统和非传统银行业不断进入银行业领域，预计市场竞争将会加剧。

目前，南非银行业由 18 家注册银行、2 家共同银行、14 家外国银行的地方分支机构和 43 家经批准的外国银行驻当地代表处组成。银行业包括在南非储备银行注册的所有银行。

银行业教育培训署是根据《技能发展法》（1998 年第 97 号）建立的 21 个 SETA 之一，是银行和小额信贷部门技能开发和转型的推动者。其通过伙伴关系、技能开发创造更光明的未来和促进变革来支持人员发展。银行业教育培训署的任务是发展银行业的技能，通过以下方式实现：

• 鼓励该部门的雇主在工作场所营造积极的学习环境；

• 为员工提供获得新技能/职业扩展的机会；

● 提高工作场所教育和培训的投资水平；

● 在国家发展战略的公平目标（85％黑人、54％女性和4％残疾人）的指导下促进转型。

最终实现求职者找到工作，被裁减的工人重新进入市场，雇主在公平合理的框架内找到合格的员工。

银行业教育培训署专注于对中小企业、青年与成人教育，以及持续专业的发展和研究，主要包括：

● 中央银行业务；

● 商业银行和所有其他形式的银行业务；

● 金融调解；

● 与金融调解有关的活动；

● 融资租赁；

● 证券交易。

银行业教育培训署由高等教育与培训部授权制定2019/2020年度的部门技能计划，计划强调了银行业的技能需求和优先事项。银行业教育培训署将银行业雇主分为两种类型：第一类是超大型企业银行，为近70％的行业工作者提供就业机会；第二类是中型、小型和微型企业，各自雇用少数人。为确保所有雇主无论其经营规模大小都有机会获得培训职员技能发展的支持，银行业教育培训署将该部门划分为银行和替代银行子行业以及小型、中型和大型公司来满足该行业的技能需求。

银行业教育培训署统计了不同类型公司对技能的不同需求，小公司最需要的技能包括财务资源管理，此外批判性思维和复杂问题解决也被强调为所需的关键技能。解决复杂问题和批判性思维技能也被确定为中型公司员工缺乏的重要能力，特定工作的技术也是目前企业员工中普遍缺乏的技能。特定工作的技术被确定为大公司内员工最为缺乏的技能，其次是解决复杂问题和管理与领导技能。此外，服务导向技能也是每个规模类别中五大技能差距之一。虽然财务资源管理和其他技能对小公司来说至关重要，但随着规模的扩大，公司对技术（特定工作）技能的需求变得更加迫切。

相对应的信贷经理是小型企业最难以填补职位的顶级职业，其次是财务经理和董事。对于中型公司，最为缺乏的是公司总经理、高级程序员和财务经理。此外，与信息技术相关的职位空缺占调查企业的 25% 以上。对于大型公司，空缺最大的职位是公司总经理、程序员和销售代表——商业服务。

缺乏相关经验仍然是影响技能差距的最大因素，缺乏培训、出现新的工作任务、技术变革或新的生产过程，都可能会出现技能与需求的不匹配。

根据银行业教育培训署分析，银行业变革的驱动力主要与数字化和技术进步有关。数字化和技术的五个变化驱动因素包括：数字化技术；客户期望的改变；监管与风险的变化和网络犯罪；其他行业的竞争与干扰（大型零售业、电信公司、互联网公司）；政治、经济和社会的变化。根据银行业变更驱动因素和国家优先发展事项，银行业教育培训署确定了以下五个战略技能发展重点优先事项：

- 技术、数字化和创新；
- 合规与风险管理；
- 管理和领导力发展；
- 市场、产品和服务；
- 以客户为中心。

银行业教育培训署针对行业内的技能现状，制定了年度技能发展规划战略，该战略与影响银行业变化的因素、国家优先事项和部门战略的驱动因素保持一致。

（三）文化艺术旅游酒店和体育教育培训署

文化艺术旅游酒店和体育教育培训署是 2001 年根据《技能发展法》（1998 年第 97 号）建立的 21 个 SETA 之一，该委员会根据国家技能发展战略中概述的学习计划和拨款要求，对本行业中的人员进行教育与培训监督，以促进该行业的发展。涉及的行业主要包括：

- 艺术、文化和遗产业；
- 野生动植物保护业；
- 游戏和彩票业；
- 酒店业；
- 运动、休闲和健身业；

● 旅游业。

目前该培训署以有企业的劳工和雇主、政府部门和社区组织的代表组成，根据调查结果，技术的革新、全球化、立法问题以及该行业不断变化的特点，是推动子行业变革从而影响技能规划的关键因素。技术革新是该部门企业变革的关键驱动因素，技术进步的影响在所有六个子行业中都有所体现，主要包括互联网应用、用户内容网站（如 Tripadvisor）、应用于目标消费者数据库挖掘技术、社交网站等。全球化带来的更加"复杂的旅游市场"也影响着本行业技能的需求和培训。如更具洞察力和经验的消费者要求更高质量的产品和服务，对客户服务等技能的需求不断提高。在为国际游客提供更好的服务方面，可能需要改进的技能包括能够以简单的英语、文化意识、跨文化技能、语言技能和当地知识进行清晰沟通的能力。此外艺术、文化和遗产等行业的融合趋势日益明显，旅游业带来了文化遗产和文化旅游、体育旅游、沿海或海洋旅游以及创意旅游等。文化艺术旅游酒店和体育教育培训署已着手实施"遗留项目"以增加收入，完成该培训部的培训项目，特别是为农村发展计划的改善做出贡献，并且已经开始与两所职业技术教育与培训学院开展"遗留项目"，翻新必要的基础设施，使学生能够在这些学院接受世界一流的培训。

基于技术的进步，企业现在需要的技能包括数据分析、网络开发、电子商务、在线营销和社交媒体管理等。这些变化要求企业员工不仅能胜任自己领域的工作，同时也需要在思想和技术方面具有创业精神。根据这些因素，确定了每个子行业的新兴职业：

● 艺术、文化和遗产业：舞台管理人员、动物标本制作者和视听 3D 技术员；

● 野生动植物保护业：生物技术员、可持续发展经理、环境经济学家和生物多样性管理者、野生动物贸易经济学家、野生动物牧场主；

● 游戏和彩票业：系统管理员、应用程序支持员、绘图人员；

● 酒店业：咖啡师、水疗经理、食品安全保证人和税务经理；

● 运动、休闲和健身业：企业健康顾问和从业者；

● 旅游业：产品和承包行政人员，独立旅行顾问/专业旅行社。

文化艺术旅游酒店和体育教育培训署通过建立区域办事处来扩大其实

际业务范围，以扩大其知名度并增加对潜在受益者的计划。这些举措增强了服务可及性，增加了其在所有省份的业务。这也改善了与职业技术教育与培训学院的合作关系，加大了对工作实习机会的支持力度，将技能发展计划扩展到农村地区，从而增加了所实施的计划以及各种学习计划的受益人数，缩小了技能开发与工作经验之间的差距。2018/2019 年度，该培训署还确定了十项最重要的专业、职业、技术和学术学习计划，将会有 1928 名受益人。在该财政年度结束时，已有 4000 名学员注册了十大优先学习计划，比年度目标高出 107%。

（四）建筑业教育培训署

根据 1998 年通过的《技能发展法》，建筑业教育培训署（CETA）成立于 2000 年 4 月，建筑业教育培训署为建筑行业提供技能开发服务，实现国家技能发展战略的目标，并确保从业人员获得建设部门所需的关键或稀缺技能，以确保南非建筑业的可持续发展和提高全球竞争力。该领域涉及各种活动，包括建筑、维护、翻新各种规模的建筑物。该部门由四个广泛的子行业组成：材料制造、公路和城市建造、楼宇建造、建筑物环境。每个子行业均涵盖行业的不同方面。

根据扩展的国家技能发展战略，包括其自身的部门技能计划（SSP）、战略计划和年度绩效计划，建筑业教育培训署主要负责以下事项：

- 审查、开发和注册本领域企业资格；
- 对提供者的认证和从业者的注册；
- 实施质量保证流程，以加强和确保培训的质量；
- 通过分配拨款，为该部门的关键和稀缺技能发展提供资金；
- 根据其所在行业合格的和注册的公司提交的工作场所技能计划与年度培训报告，强制性拨款。

为了更好地了解建筑行业的技能需求，建筑业教育培训署对雇主需要的技能进行研究。建筑业教育培训署负责确定技能差距，并根据建筑行业的技能需求制订适合解决技能短缺问题的教育和培训计划。建筑业教育培训署还资助了许多学习计划，包括开展技能计划和提供学习、学徒、实习和助学金等的各种公共教育和培训机构，如大学和职业技术教育与培训学院。

建筑业教育培训署的调查表明，该部门的发展主要受到技术发展、绿色经济（节能经济）、国家基础设施计划及由此产生的 18 个战略基础设施项目、职业健康与安全、建筑行业新法规、技能需求变化等因素的影响。建筑行业中的公司都在努力填补中、高级职位空缺，同时该部门还要与其他经济部门争夺一些具有特定通用技能的人员。

与工程相关的技能正在成为严重制约建筑业发展的重要因素，工程技能人员的缺乏导致项目整体实施与支付延迟。74% 参与调查的企业在招聘工程师的过程中遇到了困难，其中招聘最为困难的职位包括先进的电子和电气信息工程师、健康与安全从业人员、具有创新建筑技术的人员、适合在公共工程项目中担任高级职位的合格且经验丰富的黑人。

建筑业教育培训署希望通过培训与教育，培养满足建筑部门要求的从业人员，从而影响与推动整个建筑行业的发展，并确保受培训人员获得建设部门所需的关键或稀缺技能，保障南非建筑行业的可持续发展，提高全球竞争力。目前建筑业教育培训署已根据建筑行业的技能需求制订了适合解决技能短缺的教育和培训计划。

（五）化学工业教育培训署

根据 1998 年通过的《技能发展法》，化学工业教育培训署于 2000 年 4月成立，旨在促进化学工业部门技能的发展，确保通过各种培训计划确定和满足技能需求，并从化学工业获得的技能开发税中拨出约 70%，以强制性、战略性和可自由支配的赠款方式支付给成员公司。

南非化学工业在南非经济中发挥着关键作用。该行业的贡献约占南非制造业生产的 1/4。化学工业提供了几乎所有其他工业经济部门都需要的重要产品，在南非经济中发挥着至关重要的作用。南非化学工业在 2008 ~2009 年经济衰退期间有所萎缩，虽然在随后的三年中有所恢复，但在 2013 ~2018 年经济衰退期间，经济增长再次受到一定程度的抑制。该行业高度依赖进口，这使得其易受全球经济变化的影响，如来自中国和印度等快速增长的化学品生产商的竞争，以及汇率的波动。

化学工业教育培训署为各种职业项目提供资金，其中一些项目属于职业技术教育与培训部门和高等教育。在这方面，化学工业教育培训署遵循行业技能计划，列出了行业内稀缺的技能和难以填补的职位。化学工业教育培训署采取以需求为导向、以行业为主导的方法来处理稀缺的技能和职业培训问题。通过不断的研究和技能需求分析，化学工业教育培训署支持培训并根据当前和未来的技能需求创造就业机会。

在确定化学工业的技能需求后，化学工业教育培训署继续积极推动基于工作场所的高质量人员培训，促进提高工业部门的技能水平，从而提高了该领域的就业能力，为化学工业的可持续发展做出贡献。化学工业教育培训署与行业和职业质量委员会（QCTO）合作，目前负责职业资格认证和行业产品的设计和开发、质量保证、监督以及为有能力的学习者提供认证。

化学工业教育培训署涉及的领域主要包括：基础化学品、石油化工、药品、爆炸物、快速消费品、肥料、特种化学品、表面涂层与玻璃九类产品。

化学工业的发展依赖于高水平的专业技术技能，该产业近一半（46%）的员工拥有高于 NQF 5 级的资格。该产业对高级技能的依赖，使其岗位更容易出现人员短缺的现象，这是由高水平和专业性技能需要更长的培训时间造成的。同时化学工业是一个受到严格监管的行业，技能需求和供应的关键影响因素之一是环境监管。促进技能需求和供应的其他因素还包括本国该行业与全球化学工业的融合、技术发展和创新、健康和安全要求、环境立法和要求等。

根据对企业的调研报告，被调研企业共确定了 245 个空缺较大的职业，但总体上化学工业目前没有出现严重的职业短缺现象，人员的短缺主要存在于需要专业技能的关键岗位。其中管理人员中最为缺乏的是工程经理，其次是质量监督经理；专业人员职位空缺最多的是采矿工程师，其次是工业产品销售代表；专业技术人员和助理专业人员空缺率最高的是化学技术员，其次是化学品销售代表；技术工人和相关行业工人空缺率最高的是焊工，其次是锅炉制造工人。

（六）教育培训和发展实践教育培训署

教育培训和发展实践教育培训署的任务是促进教育与培训行业技能的整体发展与提高，为创造就业机会做贡献。教育培训和发展实践教育培训署是整个南非经济的重要一环，它将为社会带来更多受过良好教育、具有宝贵工作经验和优良品德的劳动力。

根据教育培训和发展实践教育培训署的调研结果，南非政府已将缺乏高级技能视为在发展知识型经济过程中重大的制约因素之一。南非的经济增长和社会发展持续受种族、性别、人员的地理分布（包括残疾人）等问题影响。这些问题不断推动该培训署向促进人力资源开发、创造就业机会、扶贫与促进社会发展方面转型。影响各子行业技能需求和供应变化的主要因素包括具有大学教育背景的工作人员不足、劳动力供应的需求和专业化、新制定的有关该部门的质量发展和专业化的政策、第四次工业革命等。教育培训和发展实践教育培训署的战略目标为：

- 确定该部门的技能短缺和培训需求；
- 为教育、培训和发展从业人员开发其能够获得资格和学习的途径；
- 提高该部门在教育、培训和发展领域的投资水平，并提高投资回报率；
- 发展该部门各级工人的技能；
- 为工人提供更好的生活，为以前处于不利地位的人提供就业前景和提高劳动力的流动性；
- 提升生产力并建立健康的竞争关系；
- 自我就业；
- 减少由不平等的教育和培训制度造成的不平等现象。

教育培训和发展实践教育培训署总结了 13 个主要技能需求，这些技能影响教育与培训行业内几乎所有主要职业水平的提高，其中包括：沟通、报告和会议记录写作和演讲技能，项目管理技能，教学/辅导、评估和审核（教学法）技能，与计算机相关的技能，语言、数学和技术（基于课程等）知识，科研和发表论文技巧，管理、领导和变革管理技能，辅导和指导技能，急救和基本健康与安全技能，课程开发技能，技术支持和 ICT 技能，专业和学术持续发展的技能，工作、学习一体化的技能。

根据技能需求的分析，该部门培训内容涵盖从最简单的短期课程到持续数年的大学课程，培训的主要任务包括：

- 确保员工的技能水平得到不断提升；
- 确保所有部门劳动力市场的供需平衡；

● 确保为所有初级和参与在职教育与培训的工人和雇员提供多样和灵活的路径；

● 为南非人民就业提供各种不同的职业道路；

● 提高教育和培训的总体质量，包括从大学课程到各种多样性的短期课程；

● 有效管理所需的征税补助金制度；

● 有效改善内部和外部沟通，加快国家人力资源和技能的发展；

● 鼓励该部门每个人（包括私人和公共部门）之间的对话和合作，促进培训和技能转让方面的交流；

● 确保工人和雇员以及雇主都能从高质量的培训中受益，从而提高生产率；

● 鼓励雇主与雇员之间建立相互依存的和谐关系。

（七）能源和水利教育培训署

能源和水利教育培训署是一个服务于能源和水利部门的技能开发机构。它是根据 1998 年《技能发展法》成立的 21 个行业教育培训署之一。它在确保国家技能和发展战略在能源和水利部门内的实施方面发挥着至关重要的作用。其主要关注领域是能源、可再生能源、天然气和水利服务部门。

在资源领域，国家电网公司主导着南非的电力生产，提供南非 95% 的电力需求。国家电网公司由国家公用事业机构控制和运营。国内约 90% 的电力来自燃煤电站，其余电力由市政当局、分销公司和私人发电机站提供。天然气约占南非能源的 2%，随着南方卡鲁的页岩气的开发以及莫桑比克和纳米比亚等其他南部非洲国家天然气供应的增长，预计南非天然气行业将迅速增长。在可再生资源方面，在《20 年综合资源计划》中南非政府承诺支持向绿色经济过渡，其中包括选择应用各种清洁能源。向可再生能源的转变影响了对新技术和绿色技能开发的需求，因此，能源和水利教育培训署为助力经济增长制定了可再生能源、能源和资源效率的国家技能发展战略，在发展必要的绿色技能方面发挥着重要作用。

南非是一个水资源紧张的国家，该国每年的平均降水量远低于世界平均水平，因此水利在南非的经济发展中起着至关重要的作用。2008 年，南非水利部启动了两项基于激励的计划，即"Blue Drop"认证和"Green Drop"认证。Blue Drop 认证是饮用水质量管理法规，Green Drop 认证标志着废水质量管理法规。这两个计划有助于促进饮用水质量管理的持续发展，同时提高市政当局、供水服务机构及其服务提供者的服务水平。同时，政府致力于消除基本用水存储及卫生状况差的情况，提高相应服务水平。培训署被授权为培训机构，以开发满足该部门需求的技能，从而实现该部门领域各类服务水平的提升。

能源和水利教育培训署调查了可能严重扰乱或影响该行业运营的因素，以及此类驱动因素对行业技能的需求和供应。这五个关键的变革驱动因素包括政策背景/变化、技术变革、技能竞争、气候变化、监管环境。通过研究被调查企业前 12 个月岗位的空缺情况，总结出能源和水利行业目前缺乏的人才主要为：

●工厂经理，随着南非可再生能源的发展，新兴的发电厂正在兴起，缺乏足够数量的经验丰富的人来管理这些新工厂；

●专业的业务开发人员，即可以为公司带来商机和贸易的人才；

●企业发展经理，可以针对国家可再生能源计划确定新的领域；

●太阳能领域的操作员、电源块操作员、控制室操作员，由于新兴的大型太阳能发电站主要位于不适合居住的偏远地区，通常熟练的人员不申请在这些地区的工作岗位，而当地人员又不具备此类操作技能；

●健康与安全官员，虽然该国有一定数量的健康和安全官员，但其水平很低，这些地区一些发电厂的位置也很难吸引高质量的人才进入；

●机械、土木和电气工程师，国内公司和国际市场之间的竞争使南非国内这些职位出现人才缺乏，此外，私营部门此类人员的薪资待遇较高，这加大了南非国有企业招聘的困难。

针对上述职位，不同层面的行业技能需要主要有：

●高级管理层，即应具有问题识别和解决技能、项目规划和管理、人员管理能力，以及战略思维、领导力；

●中等水平技能，主要是太阳能技术人员、电工；

●较低层次技能，即计算机技能、机器操作者等；

分析表明，能源和水利行业需要加强对工程和贸易能力的培训，能源和水利教育培训署应在促进雇主和教育机构之间沟通方面发挥作用，并对基于工作场所实习和学习的培训系统及课程进行设计。

（八）财务和会计服务教育培训署

财务和会计服务教育培训署是根据 1998 年《技能发展法》成立的 21 个行业教育培训署之一，同时又是具有财务管理、会计和审计技能人员的最大雇主。自 2000 年开始运作以来，财务和会计服务教育培训署的任务规定发生了重大转变。最初的重点是专门针对工作场所员工的培训，目前培训范围扩大到包括失业青年、职业技术教育与培训学院的学习者、农村发展项目以及失业的毕业生等。2012 年，有超过 135000 人在该领域工作。该部门负责的领域包括：

- 投资实体和信托以及公司的秘书服务；
- 股票经纪和金融市场；
- 金融发展组织；
- 会计、簿记、审计和税务服务；
- 商业和管理咨询服务；
- 南非税务局、国家和省级国库；
- 其他金融中介辅助活动。

财务和会计服务教育培训署服务的对象中，约 91.6% 的企业为人数少于 50 人的小型企业，6% 的企业为人数在 51～149 人的中型企业，2% 的企业为人数超过 150 人的大型企业。因此，财务和会计服务教育培训署面临着平衡小型、中型和微型企业以及大型企业需求和利益的挑战。该培训署组织提供的服务主要是专业性质的，该行业的另一个特点是存在许多专业协会，它们对资格结构、教育和培训组织以及该行业使用的专业名称有根深蒂固的影响。财务和会计行业是一个受到高度监管的行业，该行业对技能的需求主要受到技术发展、市场需求和专业角色变化、监管环境的影响。

该培训最新的行业调查表明，随着从人工处理到自动化处理的转变，技术的进步可能会使金融服务行业的一些工作岗位消失。但"互动工作"将有大幅增长，这些工作不容易外包或自动化，担任这些职位的人需要有高水平的分析技能以及推理和判断能力。因此，在该行业管理非常规任务并在创造性解决问题方面具有很强的能力将变得越来越重要。同时数据安全正成为本行业的一个关键问题，所有企业都必须引入额外的措施，以保护数据安全，并确保遵守法定的信息收集、存储、使用和销毁方式。这推动了该领域对信息技术专业人员和技术人员的需求。

该调查还指出在技术更新环境下，传统会计师角色需要从梳理以往交易信息转变为做出战略性商业决策；审计人员正在从监控和审查转向更为主动和富有洞察力的角色，包括识别和解决业务风险、公司治理和商业道德问题；公司秘书的角色越来越注重对外联络，这些专业人员需要了解公司运营的外部环境、外部压力以及影响决策的因素。这些不断变化的角色需要改变教育和培训机构的课程，现有的劳动力队伍存在广泛的技能差距，需要迅速填补。

目前财务和会计行业人才已不能满足该部门和其他经济部门的需求。其中人才缺口最大的是会计师和审计师，第二个人才短缺的领域是 ICT 行业，第三个是管理咨询，第四个是金融市场专业人士。职业性短缺在很大程度上与该行业组织的转型目标有关。在某种程度上雇用外国公民，特别是对专业岗位而言，有助于在短期内缓解技能短缺，但只有通过教育和培训部门提供大量的非洲黑人毕业生才能从根本上缓解这种不足。

财务和会计服务教育培训署制定了"Lasting Legacy"战略，以确保使该部门的学习者和雇主受益。该战略取决于两个支柱：安置（直接就业，包括学习和实习）和学术支持（支持学习者完成学位，获得专业资格）。其战略主要面向：

• 建立可靠的技能规划体制机制；

• 支持技能发展举措，以培养中级、高级的技能水平，从而推动本部门在更广泛的经济中实现就业能力；

• 与 TVET 学院合作；

• 鼓励更好地利用基于工作场所的技能发展；

• 鼓励和支持合作社、小企业、工人发起的非政府组织（NGO），以及非征税付款人（non-levy payers NLPs）公司和社区培训计划；

• 提高公共部门改善服务质量的能力，支持建设国家建立发展型职业和职业指导。

财务和会计服务教育培训署开展了一系列的培训项目和拨款，其中"职业技术教育与培训项目"可为培训人员提供真正有意义的工作经验。通过国家学生资助计划向学习者提供就业补助金，将原非专业、职业、技术与学术拨款（Non-PIVOTAL）的用途从原来的主要用于终生学习，扩展至需求量很大但未获得 NQF 认证的高级别课程。

在未来，财务和会计服务教育培训署将重点加强技能发展管理，确保新进入者获得专业资格，提高职业技术教育与培训学院的能力，完善职业技术教育与培训学习者的工作安置等。

（九）食品和饮料制造业教育培训署

根据南非国家技能发展战略，食品和饮料制造业教育培训署的职能是促进食品和饮料制造业的技能发展。该行业覆盖了食品工业的基本要素链，包括输入、试生产、食品与饮料制造、营销和消费。该部门负责的领域包括：

- 烘焙、谷物、糖果和零食；
- 饮料制造业；
- 乳品制造业；
- 食品制备产品的制造；
- 肉类、鱼类，水果和蔬菜的加工和保存。

食品和饮料制造业教育培训署通过与行业保持密切联系并收集有关劳动力市场需求的信息，制订本行业技能发展计划，其关键政策发展和战略目标包括：

- 建立可靠的技能规划机构机制；
- 增加对职业指导的计划项目；
- 促进公共职业技术学院系统的发展，这对部门、地方、区域和国家技能需求和优先事项都有所帮助。

统计表明，2011～2017 年，南非食品和饮料行业对整体制造业的平均经济贡献率为 24%，该行业目前主要的变革驱动因素包括消费者对食品标签信息清晰透明的需求，非洲其他国家扩张和技术发展的影响。该部门需要解决的关键技能包括：

- 研究和开发与非洲扩张和对有机食品偏好有关的创新产品；
- 与非洲扩张有关的营销和销售技巧；
- 需要高质量的专业人员以满足要求标签清晰和合规性的趋势；
- 需要能够测试食品的质量并做出健康保证的食品和饮料科学家；
- 向小型农产品加工实体提供培训，以降低其遵守规范和标准的高成本，这些规范和标准往往是小型企业准入的障碍；
- 本行业主要缺乏的人员为技术性工人与专业人士，其中包括食品和饮料技术员和负责生产/运营的经理人员。

针对本行业，食品和饮料制造业教育培训署着力于：

- 提升南非劳动力的技能；
- 提高工人的生活质量和扩展其工作前景；
- 提高工作场所的生产力和雇主的竞争力；
- 促进自营职业的发展。

2017/2018 年度，该部门将手工技艺确定为食品和饮料制造行业所需的主要技能，并对就业人员的"工匠"职业资格提出了更高的要求。根据行业和职业质量委员会的三个组成部分，该培训署已经开发并提交了四种职业资格，可以分解为大约 30 种专业。乳制品制作者是 2010 年开发并提交批准和注册的第一个职业资格，糖果烘焙、加工机械操作员和酿酒师助理职业资格于 2016 年开发并提交。

在过去几年中，由于食品和饮料制造业的业务性质和敏感性，本行业较难实现转型目标。为了缓解这种情况，食品和饮料制造业教育培训署为特殊项目预留了额外资金，旨在组建一批合格的非洲女性技术工人队伍，并将通过继续学习和助学金为青年、妇女和残疾人提供高水平技能培训。本部门支持政府通过奖励助学金来支持贫困学生，2017/2018 年度，向三所农村大学提供了价值超过 1600 万兰特的奖学金。该培训署在 2017～2018 年度成功培养了 425 名学习者，比上一年度增加了 33%。

（十）纤维加工和制造业教育培训署

纤维加工和制造业教育培训署于 2011 年建立，由 13 个子行业组成，即服装、鞋类、林业、家具、普通商品、皮革、包装、印刷、印刷媒体、出版、纸浆和造纸、纺织品和木制品行业。虽然各子行业单独分类，但它们之间是紧密相关的。通过将木材、纸浆、天然或合成纤维、动物皮/兽皮转化为成品，如家具、服装、鞋子、防护设备、工业材料、纸张和纸板、印刷品（书籍、杂志等），并扩展到许多不同行业的高科技应用（汽车、健康和建筑等），它们共同为消费者的美好生活创造了巨大的价值。

纤维加工和制造业的产出往往与广义的制造业和整个社会经济的产出状况相关联。2017 年第一季度，南非经济连续两个季度没有增长，陷入经济衰退。2016 年，纤维加工和制造业的产出占总制造业产量的 13.7%。纤维加工和制造业对经济总产出的贡献在过去五年中保持相对稳定，同比平均为 3.6%。出口也遵循类似的轨迹，在 2004～2014 年出口出现大幅下降。自 2010 年以来，木材和木制品、皮革和皮革制品、鞋类和服装出口出现了一些复苏。自 2012 年以来唯一一个在出口方面出现重大转折的子行业是纸和纸制品，其也是该行业出口的最大贡献者，2015 年其出口价值为 170 亿兰特。

纤维加工和制造业教育培训署根据国家技能发展战略的目标，为下属的 13 个子行业提供技能开发、课程培训与服务，以确保人们获得本领域所需的关键或稀缺技能，从而获得稳定的经济收入和持续的竞争力。此外，纤维加工和制造业教育培训署还在奖学金贷款和研究补助金方面提供财政支持，其主要工作包括：

- 制订和实施全面的行业技能计划；
- 管理技能发展税；
- 支付强制性和酌情性补助金；
- 为技能开发提供质量保证；
- 促进职业指导资格的发展。

根据纤维加工和制造业教育培训署的雇主数据库，该行业目前有 25616 家企业，其中大多数是雇员少于 50 人的企业。同 2004 年相比，该领域 2014 年的就业率下降了 27 个百分点，总就业人数减少了 121000 人。该行业除了具有较高比例的高技能专业人员的出版和印刷媒体行业之外，大多数子行业主要雇用操作员和装配工、行政支持工作人员等。与其他制造业和整体经济相比，纤维加工和制造业一直在以更快的速度裁员。

快速发展的技术和创新对纤维加工和制造业的某些子行业产生了深远的影响。纺织品和服装正在开发新技术，以探索新的天然纤维。制造公司在包装、印刷、纸张和纸浆、纺织品、服装等整个行业中使用现有最新技术能更快、更有效地运行。新机器和维护方面的培训通常来自国际培训。机械化程度的提高可能会减少对劳动力的需求。与此同时，技术变革是技能需求的最大驱动因素，工人必须不断提升自己的技能才能跟上技术发展的步伐。电子媒体的使用已经扩大，预计将改变印刷和出版子行业的面貌。社交媒体提供了获取有价值的消费者数据的额外来源。国家和基于行业的产业战略都通过制订的行业计划和其他举措推动技术进步和创新。为了减少废物和水污染，需要研究更环保的生产方法，如生物制浆就是关键环节之一。绿色经济协议和环境部门技能计划等国家战略都提到需要与开发、使用绿色技术相关的更高层次的知识和技能，并要加强对更可持续生产方式的研究。技能发展必须满足这些需求，包括为培养具有环保意识的劳动力所需的必要道德培训。

纤维加工和制造业教育培训署的企业经历了一系列职业挑战，由于机械化和技术变革，印刷和出版行业难以获得具有中高水平技术技能的人才，如工厂的机器操作员、机械技师、技术人员等，同时在编辑、数字出版、翻译和设计等专业方面也缺乏人才。引起这些问题的原因包括：劳动力老龄化，制造业职业工资吸引力下降，行业趋势迅速变化形成进一步的生产压力，技术进步需要不断提高技能，需要多层次、灵活性的技能而毕业生就业准备不足，等等。必须针对现有员工进行大量培训，以使他们能够适应变化并能够为该行业未来技能的发展做出贡献。

纤维加工和制造业教育培训署负责制订技能发展计划，旨在确定就业及其增长趋势、相关部门的技能要求，并在技能开发方面优先考虑这些趋势。该过程要考虑到环境、该部门的性质以及技能的需求和供应。

（十一）卫生和福利教育培训署

卫生和福利教育培训署制定为卫生和社会发展工作者提供适当技能的综合方法，以提供与世界级标准相当的优质服务。该行业服务范围广泛，涵盖人类和动物卫生系统以及社会发展和社会服务系统。为了确保能够为全国的利益相关者提供服务，卫生和福利教育培训署在南非的九个省都设有办事处。其工作任务主要包括：

- 制订和实施部门技能发展计划；
- 制定技能发展项目、规划和具体举措；
- 监督本行业内教育和培训情况；
- 确认工作场所实际工作的经验；
- 支持和促进国家技能发展战略的执行；
- 征收税款和分配支出；
- 与所有利益相关方和相关机构广泛建立联系；
- 根据《公共财政管理法》的规定，有效和高效地使用公共资金；
- 促进残疾人就业。

目前南非正在改变社会服务以及人类和动物医疗保健的获取和交付方式，政府正在探索以初级和社区为基础的服务方式来帮助弱势群体。初级医疗保健和社会发展系统的需求和服务正在扩大，因此必须提高劳动力的技能水平。

卫生和福利行业对新技术和不同技能组合的需求不断增多，卫生和社会服务专业人员的空缺率较高，在职业劳动力方面存在以下不匹配现象：其一，技能培训与基于工作场所的职业需求之间存在不平衡；其二，提供的人才与劳动力市场的职位需求之间存在不匹配；其三，教育系统未能提供工作所需的技能（即进入该专业所需的知识），如临床技能与能力、职业精神等；其四，由于工作环境、服务提供模型和职业责任范围的变化，提供的培训与实际需求存在不匹配。影响技能供应的其他因素还包括：培训卫生专业人员需要较长的时间，学术和临床培训能力有限，公共部门的健康和社会服务专业人员的毕业较难，保留率低，等等。加强向该部门提供职前临床技能和实践培训平台是一个关键的战略领域。

根据国家技能发展战略确定的十项旨在推动该国技能发展任务的战略成果导向目标，卫生和福利教育培训署在2017/2018年度取得了如下进展：

- 增强培训署的组织管理和管理能力，其中业务流程的自动化服务是一项即将交付使用的创新举措，工作场所技能计划、教育和培训质量保证、技能开发项目和财务职能的自动化已于2018年3月31日完成；

● 建立卫生和社会发展部门技能发展规划的机制；

● 增加获得卫生和社会发展部门职业导向计划的机会，通过与雇主、职业技术教育与培训学院、大学和 NSFAS 的合作，促进职业导向计划的推行，目前该部门的雇主接收了 4742 名学员；

● 促进公共职业技术教育与培训学院系统的发展，对卫生和社会发展部门的地方、区域和国家技能需求与优先事项做出积极响应，通过与 27 所 TVET 学院的合作推广培训计划；

● 提高低水平青年和成人的语言和计算能力，以便在卫生和社会发展部门开展额外培训；

● 鼓励在卫生和社会发展部门基于工作场所的技能提升；

● 鼓励和支持卫生和社会发展部门的合作社、小企业、工人发起的非政府组织和社区培训活动；

● 增强卫生和社会发展公共部门改善服务的能力，以支持国家发展计划；

● 在卫生和社会发展部门提供职业和职业指导；

● 建立卫生和社会发展部门技能发展的质量保证体系。

（十二）保险业教育培训署

保险业教育培训署的主要目标是增加保险业内关键和稀缺技能人员的数量并提高其质量，并通过资助教育和培训来促进和实现保险业高质量技能的发展。培训署主要负责制订和实施保险业相关部门技能计划，促进学习项目推进，在该部门内分发资金（包括各类拨款和各种助学金发放），提供技能培训。该部门雇用了超过 10 万人，为保险业提供了改善其教育和技能的机会。

保险业教育培训署负责保险业内所有子行业的技能发展：

● 短期保险；

● 人寿保险；

● 保险和养老基金；

● 风险管理；

● 单位信托；

- 管理医疗福利；

- 丧葬保险；

- 再保险；

- 养老基金；

- 金融中介辅助活动。

作为负责推动保险及相关服务领域技能发展的法定机构，保险业教育培训署在改善该部门的技能基础方面，确定提高年轻人的就业能力、支持该领域稀缺和关键技能的发展、提高该部门的专业性、通过伙伴关系支持农村发展等为优先事项。

通过研究所有相关政策和框架，确定了这些技能发展的优先事项。这些优先事项包括国家发展计划（NDP）、新增长路径（NGP）及其相关的全国青年协议、南非人力资源开发战略等。这些技能需求的确定也来自有该领域企业首席执行官、经理和其他利益相关者参与的互动会议。

根据保险业教育培训署统计结果，短期保险子行业是大多数公司的核心业务，其次是长期保险，然后是集体投资。同样，短期保险子行业的从业人员最多，其次是金融中介辅助活动、人寿保险、养老保险与基金、医疗福利管理、丧葬保险，养老基金、风险管理、再保险和单位信托领域。在过去的五年里，保险业经历了数字化转型。数字化将继续重塑保险公司的业务方式，改变本行业的主要驱动力，包括社交网络的发展和不断变化的客户行为；技术、创新和金融科技的发展；环境和可持续性问题；经济变化和未来增长机会；监管环境等。

在大中型公司中三大稀缺技术人才分别是精算师、保险代理人/经纪人以及与信息通信技术相关的人才。短期保险类公司中最为缺乏的是保险代理人，其次是信息通信技术（ICT）相关职业人员（开发人员和程序员）。长期保险类小公司中最难以填补的空缺是保险代理人，其次是金融投资顾问。由于监管机构对该行业施加压力，所有企业只能聘用合格且经过注册的关键人员和代理人。按照职业分类，在 2019/2020 年度该行业最为缺乏的人才分别是保险代理人、精算师、销售经理、程序员、保险经纪人、合规专员、销售和市场经理、金融投资顾问、软件开发人员、保险损失理算员、保险索赔管理员、财务经理、办公室经理、财务会计师、管理顾问、ICT 系统分析师。这主要是由以下因素所造成：

- 申请人缺乏该职位所需的教育资格；
- 申请人缺乏该职位所需的足够或适当的工作经验；
- 申请人对薪酬的要求和就业条件不适合该职位；
- 工作要求太高，没有固定的工作时间和轮休。

（十三）地方政府教育培训署

地方政府教育培训署由高等教育与培训部根据 1998 年第 97 号《技能发展法》在 2011～2016 年重新设立。地方政府教育培训署为参与地方政府机构的各种人员以及失业的南非人提供技能培训，并致力于确保学习者接受培训和教育的方式及效果能够满足当地政府部门的要求。通过创建和实施各种技能开发干预措施，例如部门技能计划（SSP）和针对当地政府雇员以及传统领导人和区议员等的学习计划，为促进参与地方政府结构的人员以及失业人员的培训和技能提升提供便利条件。地方政府教育培训署通过采用创新的培训方法、有效的培训框架和与地方政府建立战略伙伴关系，来培养地方政府发展所需的人才。

根据南非标准行业分类，地方政府教育培训署的业务范围重点是市政实体，主要包括：

- 由承包商或市政当局提供服务的、由市政府全部或部分拥有的公用事业机构；
- A 类市政当局，即在宪法中被定义为"在该地区拥有独家市政执行和立法权力的市政当局"；
- B 类市政当局，即在宪法中被定义为"在其所属地区与其所属地区的 C 类市政当局共享市政行政和立法权限的市政当局"；
- C 类市政当局，即在宪法中被定义为"在包括一个以上市政当局的地区拥有市政行政和立法权力的市政当局"；
- 负责处理地方政府管理层事务职能的法定或监管机构；

主要活动范围为：

- 地方当局的活动；
- 市政计划；

- 广告牌和在公共场所展示广告；
- 土地利用规划；
- 地方政府的社会工作；
- 垃圾和卫生健康和社区服务；
- 当地政府的其他社区工作；
- 地方政府的娱乐、文化和体育活动。

从就业角度来看，地方政府作为一个部门相对稳定，它执行政府规定的职能，不受经济波动的影响。因此，在推动技术工人需求和供应的变革方面，地方政府更多是受立法授权的驱动，而不是对市场动态的反应。这些需求的变化主要是由可能出现的政策变化而引起的，具体体现为对市政官员最低能力的要求、城市的综合发展状况、农村市政、技术革新、绿色经济等的影响。该部门人才最为短缺的职业为地方当局管理者、内部审计员、水资源生产和供应经理、水处理控制器操作员、电气工程技术员、土木工程师和经济顾问。

《2030年国家发展计划》和《地方政府技能发展中期战略框架》概述了地方政府部门应通过积极的技能发展实现专业化，包括长期和中期培训专业职业。为响应《2030年国家发展计划》的要求，地方政府教育培训署优先考虑地方政府领域管理梯队的技能和专业化能力建设，通过提供长期培训加强提供服务的能力和优化地方一级的绩效。地方政府教育培训署推出这些计划，重点关注管理能力评估和能力计划，特别关注市政财务部门、市政基础设施/技术部门和市政/市政管理部门。2017/2018年度，地方政府教育培训署通过在所有市镇实施各种培训措施，培训了市议员和传统领导人。此外，还根据市议员和传统领导人的需求评估，制定了中期和长期培训方案。在下一个财政年度，该部门的重点是进行技能审计，以便为全国各个城市设计适当的培训干预措施。

2017/2018年度，地方政府教育培训署的战略目标主要包括：

- 创造一个熟练且充满能力的当地政府部门，为各类地方政府劳动力提供优先技能的定制和质量培训；
- 加强地方政府部门内的治理系统，以实现有效的服务交付，在整个部门实施高效、有效和透明的治理，以确保符合法定要求；

● 加强地方政府机构提供有效领导和提供授权的能力，建立并应用功能管理系统，以始终满足运营和监管要求；

● 建立一个响应当前和未来地方政府需求的综合规划系统，研究、记录和传达地方政府部门技能发展信息，以便有效地推进战略计划项目，以支持稀缺技能培训，并实施政府优先事项；

● 强有力地促进利益攸关方的关系，以推动地方政府技能改革，不断改善利益相关者关系和对地方政府的满意度。

（十四）制造工程及相关服务业教育培训署

制造工程及相关服务业教育培训署通过支付补助金、登记校对和评估、鉴别稀缺技能、认证技能培训提供者、监督培训质量和实施缩小技能差距等项目来促进人才培养，以此增加行业内人员获得高质量相关技能开发和培训的机会，减少不平等和失业，促进就业与经济发展。

制造工程及相关服务业教育培训署涵盖了 5 个行业，分别为：

● 金属和工程；

● 汽车制造；

● 汽车零售和零部件制造；

● 轮胎制造；

● 塑料行业。

由于南非和全球经济发展的变化，制造工程及相关服务业正在经历重大变化。其中海洋经济、清洁能源、先进制造业和相关技能是该领域的重大变革驱动因素，对技能开发和劳动力需求产生了深远的影响。制造业与工程行业对中级到高级技能工人的需求持续增长，技术含量低的技能工人最容易受到失业的影响，并在职业转型方面受到较大限制。就工人的年龄特征而言，该部门大多数新进入者是青年，根据行业自动化和创新的趋势，年轻工人也倾向于从事要求具有技术和专业技能水平高的相关岗位。

影响制造工程及相关服务行业技能需求和供应的因素主要在海洋经济、清洁能源和绿色经济三个领域。其中主要限制：一是专业技能不足，工作场所培训不足；二是在大学系统内对职业特定的学习实践不足；三是工作场所的指导实践不足，学习者作为雇员身份增加的安置成本阻碍了私营部门的积极参与。较难填补空缺的职位包括工业产品销售代表、沟通协调员、市场开发从业者、工业工程师、电气工程技术员、冶金或材料技师、绘图员、机械工程技术员、汽车机械交易员、柴油机械交易员、焊机交易员、金属机械交易员。

目前，制造工程及相关服务业的大多数技能是通过短期或中期培训来实现的，如来自职业技术教育与培训学院的培训。生产人员需要重新培训绿色生产流程以及售后服务所需的其他技能。此外，专业、管理和技术（工程和工匠）技能也至关重要，技能问题如果不加以解决，有可能成为绿色产业发展的"瓶颈"。

（十五）媒体信息和通信技术教育培训署

媒体信息和通信技术教育培训署在本部门的各个层面促进和加速高质量技能开发，培养高技能知识型信息社会的领导者。该部门主要由广告、电子媒体与电影、电子产品、信息技术、电信部门5个相互关联的子行业的21000多家公司组成，48%的行业企业是信息技术公司，其次是电信（15%），电子占13%，而电影和电子媒体以及广告子行业各占12%。

根据媒体信息和通信技术教育培训署调查结果，该部门的经济增长普遍滞后，除了电影和电子媒体以及电子子行业一直充满活力，其他子行业并没有像预期得那样表现出色。阻碍增长的有很多因素，其中最主要的是电力供应不足，大型并购的延迟与不确定性，以及主要市场部门的持续劳资纠纷。媒体信息和通信技术教育培训署每年通过分析该部门劳动力市场、经济表现和熟练劳动力需求的变化，提供解决技术劳动力供需不匹配的干预措施。

2017年，就业人数最多的子行业为信息技术子行业，占员工总数的46%；广告业务最少，约占员工总数的5%。就业人员中，管理人员占劳动力总数的15%，而技术人员、助理专业人员和文书支持人员分别占16%、16%和17%。管理人员、专业人员和助理专业人员的就业通常需要学位、文凭或NQF 6级资格，这些类别共占该行业所有员工的69%。与其他在初级职业中雇用更多人的经济部门相比，该部门具有较高比例的中高端就业人员，这是因为该部门的企业通常提供专业能力的服务培训。

在该部门技术需求和应用方面，数字化（移动数据 3G 和 4G）、分析与大数据、数据中心基础设施和云计算、物联网技术、信息安全技术仍然是技术的主要发展与培训方向。根据 2017 年该部门雇主报告，该部门内难以填补的岗位空缺占就业总人数的比例为 2.9%。其中专业人员缺乏比例高达 63%，技工和协助性专业人员缺乏比例为 29%，经理级别人员缺乏比例为 3%，文员类支持性职业缺乏比例为 2%，熟练的农业和相关的贸易工人缺乏比例为 1%，服务和销售工人缺乏比例为 1%，初级的工作岗位缺乏比例为 1%。

媒体信息和通信技术教育培训署与工业、大学和 TVET 学院（公共和私立）合作，提供相应的学习计划，为现有的稀缺技能提供解决方案。它致力于扩大和改善中小企业和农村社区人员的技能开发。该部门的首要工作内容为确保用于技能规划数据的可靠性和确认符合技能开发需求的合作伙伴，该两项工作将确保有效实施需求驱动的学习计划。

（十六）采矿资格认证署

采矿资格认证署负责管理南非采矿和矿产部门的技能发展计划，它最初是根据 1996 年第 29 号《矿山健康和安全法》设立的，后来根据 1998 年第 97 号《技能发展法》注册成立。该部门旨在在南非建立健康和安全的采矿业并培养称职的矿业劳动力，以此确保采矿业及其相关部门拥有足够的技能人才，推动就业平等并提高生产力标准。其主要工作包括：

- 促进采矿业高效的治理和管理；
- 通过研究以改进技能发展规划和决策；
- 促进以工作为基础的技能开发，支持采矿和矿产部门的转型；
- 确保在采矿业和相关部门提供高质量的学习计划。

影响采矿业变革的关键驱动因素是技术发展、全球矿产需求下降、采矿宪章和就业公平、职业健康与安全、采矿业附加值的提升等。特别是技术的发展促使本行业的从业人员需要掌握行业最新的技术。此外，整个行业的业务普遍缩减导致大规模裁员，从而需要优先考虑便于实施的小型技能培训方案。

2017/2018 年度该部门的主要工作包括以下几项。

其一，矿业和矿产部门现状的研究，该项活动为本部门投资的质量学习计划和其他培训计划提供信息。

其二，制订青年与学习者的发展计划，本计划是采矿资格认证署开发技能发展计划的基石。2017/2018财政年度，采矿资格认证署共参加了67个职业指导研讨会，其助学金计划总共支持了1421名来自弱势家庭的学习者。工作场所培训是采矿研究生资格培训的核心，为此，该部门继续支持毕业生获得工作经验，以提高他们的就业能力，其中，510名研究生被安置在将就业的公司进行工作场所体验培训，281名研究生完成培训。

其三，职业健康与安全（OHS）技能计划。针对2008年在采矿和矿产部门的三方领导峰会协议中正式通过的采矿业死亡的"零伤害"政策，采矿资格认证署开展了职业健康与安全培训，并确保该部门有足够数量的职业健康与安全代表，通过推广这一学习计划，来减少与采矿活动相关的死亡事故和健康问题。2017/2018年度，共有6239名员工完成了职业健康与安全培训计划。

其四，学员、工匠和非工匠发展计划，本年度总共有1513名就业学习者参加了各种学习计划，其中共有899名就业学习者成功地完成了他们的学习培训，另有1535名学员注册了工匠培训计划。

其五，本行业内相关人员与TVET学院支持计划，本年度共培训了28个技能发展促进者和111名技能发展委员会成员，职业技术教育与培训学院的64名讲师获得了在工作场所进行培训的机会。

其六，支持该部门的扫盲工作。2017/2018财政年度，共有2507名学生完成了成人教育与培训计划，318名学员完成了基础学习能力的培训。

该部门调查结果表明，采矿业在人员方面没有严重短缺的现象，空缺职位数最多的是高级技师（1.42%）、专业人士（1.16%）和管理人员（0.85%），其中最为缺乏的人员为采矿经理、矿山规划师、采矿工程师、岩石工程师、测量员、索具装配工人、柴油机械师、锅炉维修工、仪表技工、钳工。这些岗位人员缺乏的原因并不是南非本国相关人员稀缺，而是与大学教育不能适应技术变化、青年人对采矿业兴趣下降、数学和科学水平低下、缺乏管理经验、矿山地理位置等有关，具体表现为：

- 地理位置较远，许多采矿业的企业位于偏远地区，很难在当地找到所需的人才，并且也难以从其他地方吸引相关人员，这可能导致人员工资的升高和成本的提升；

- 就业公平问题，在某些情况下，由于缺乏满足就业公平标准的技术人员，部分岗位人员空缺很难填补；
- 行业吸引力问题，一些雇员认为该行业不具有职业吸引力。

在技术培训供给侧方面，出现技术供给不足的主要原因包括：

- 在基础教育部门，数学和科学水平较低，以及职业观念教育不足；
- 在职业技术教育与培训学院，缺乏实践类培训，课程内容落后于技术发展；
- 在高等教育与培训部，岩石工程、采矿工程专业缺乏对职业意识的教育。

采矿资格认证署通过制定干预措施帮助本行业应对这些挑战，其中包括与大学建立合作伙伴关系，开设社区学习项目（如学徒制项目、技能课程、数学和科学课程，以及成人教育和培训），针对历史上处于不利地位的南非黑人提供解决转型和增强其职业意识的计划。

（十七）公共服务部门教育培训署

南非政府雇用了超过1200万名员工（不包括当地政府部门），其中有575372名员工分布在国家、省和国有企业的公共服务部门（PSETA，2018）。该部门的就业是降低该国目前普遍存在的高失业率的关键因素。

公共服务部门教育培训署的任务是审查和预测公共服务部门的技能需求和供应的性质，该部门包括所有国家部门、省级部门、国家和省级公共实体、国家议会和省立法机构。该部门在省级综合支持计划内协助省级政府改善和提高政府服务能力，建立专业、高效、反应迅速的公共服务和管理体系。为了达成此目的，公共服务部门教育培训署建立了学习网络，并组织部门间和部门内活动，以增加省政府部门人员知识共享和学习的机会。此外通过启动综合省级支持计划，定期与公民举行互动活动，以改善治理质量，为低收入人群提供更多的服务。公共服务部门教育培训署的重点在于公共部门（国家部门、省级部门、国家和省级公共实体、国家议会和省立法机构）实体间的横向技能发展，这些技能被称为"政府事务"。公共服务部门教育培训署与这些实体本身共同承担公共服务技能开发的责任，其中公共服务和行政部负责管理公共服务部门的人力资源开发。公立学校，包括国家政府学院，提供针对特定工作人员的培训。公共服务部门教育培训署的工作主要集中在高级管理服务和其他横向技能的开发上，包括管理、管理规划、立法和政策制定，其具体工作为：

- 制定规范和标准，确保国家机制发挥最佳作用，并遵守这些规范和标准；

- 实施干预措施，以维持合规和有效的公共服务；

- 通过项目、系统、框架和结构性的实施检测、预防和打击腐败的计划，促进公共道德服务；

- 通过对话和分享最佳做法，为改善非洲和国际公共行政服务的质量做出贡献。

这些都是推动技能和能力发展的重点，这些领域将使政府业务的交付更加有效和高效。其中推动该部门发展的主要因素包括：

- 技术的革新，信息通信技术（ICT）被视为政府部门提供更好和更有效服务的关键推动因素；

- 地理定位，尤其是对农村地区的服务提供；

- 公共服务部门内的人力资源动态变化；

- 该部门所要求的职业指导资格；

- 国家技能发展计划。

根据调查结果，公共服务部门的技能需求在各种职业类别中相对稳定，但在公共实体和立法机构内，各种职业执行任务的复杂程度存在巨大差异。空缺的职位主要包括高级政府官员、计划或项目经理、公共服务总经理、政策与规划经理、人事/人力资源经理、高级政务经理、财务经理、研发经理、ICT 系统分析师、财务会计师、采购干事等。与此相应，相关人员技能缺陷/差距包括项目管理技能、政府沟通能力、健康管理技能、监测和评估技能、人力资源管理技能、公司治理和与立法相关的技能。2017/2018 年度，公共服务部门教育培训署战略目标包括：

- 提高部门的组织能力，并侧重于支持职能，通过加强、治理信息通信技术和财务系统，提高该部门的组织能力；

● 通过伙伴关系干预领导能力建设来强化部门能力。建立一个可靠的技能规划体制，与该部门的关键参与者建立伙伴关系是这一目标的重点；

● 增强公共服务部门的技能流动性，通过全年进行的监测和核查访问，为经过认可的培训提供者提供支持；

● 改善公共服务部门的技能储备，通过技能开发资金为该部门提供支持，以确保员工和失业者的技能水平得到提高，已有超过32000个基于工作场所的学习机会，用于安置失业学习者。

（十八）安全及安保业教育培训署

2011年，安全及安保业教育培训署由前"警察、私人保安、法律、惩教和司法部门的教育培训署"和"外交、情报、国防和贸易教育培训署"合并而成，目前有七个分部门，即警务、惩教、防卫、司法、情报活动、法律服务、私人保安和调查活动。该培训署致力于成为安全领域开发与培训技能的领导者，倡导不断学习的文化理念，负责安全和安保部门的技能开发和实施。这有助于所有南非人获得安全和安保部门公认的行业资格技能培训与发展机会。

本行业中绝大多数工作人员为服务和销售人员（70%），其次是办事员（9%），技术人员和助理专业人员占6%。此外，专业人员、立法者、高级官员和管理人员均仅占总就业人数的4%左右。该行业的大多数员工是非洲人（85%），其次是白人和有色人（分别为8.5%和6.3%）。

高犯罪率等驱动因素，特别是跨国有组织犯罪、国家政策和战略的增加，对安全和安保部门的技能发展提出更高要求。此外，全球化和技术进步等因素正在改变犯罪模式，从而给执法部门和一般公民带来更大的挑战。这些事态发展使刑事司法系统不得不随时审查其战略和计划，以便其安保能力始终强于犯罪集团。这也凸显了应对所需的技能缺陷，因此需要提高该部门的技能。

南非的技能发展问题存在于需求和供应两个层面。从供给方面来看，问题主要与劳动力的就业能力有关，原因包括教育质量差、缺乏培训设施、技能不足、技能不匹配以及职业技能教育与正规教育比例失调等。这些都造成了技能短缺，也导致了更高的失业率。该部门的职业构成和组合显示了跨经济部门职业的重要性，包括医疗服务专业人员、信息技术员、工程师、化学家、心理学家、职业顾问、社会工作者、财务和相关专业人员、后勤支持和相关专业人员、语言从业者、口译员和其他通信学科、汽车和技术相关专业人员。

技能在整个职业范围内的重要性不断提高，需要更高技能水平的职业比那些需要较低技能水平的职业发展得更快。随着对更多通用技能的需求增加，对特定部门技术技能的需求也在增长。经过调研，该行业需要对入门级的技能、领导和管理技能、警察和刑事司法中的专业技能等不同层次的技能进行持续培训。

安全及安保业教育培训署已经与高等教育与培训部签订了四项计划，分别为以下几点。

计划1：行政计划。提供管理、战略和行政支持服务，以确保有效提供学习计划、技能规划、研究、监测和评估。该计划包括以下子计划：

• 人力资源管理计划，确保人力资本的最佳组合和有效利用与发展，并提供有关组织有效性和发展、个人绩效管理、健全的员工关系、员工健康和保健以及有效和高效的招聘、选择等方面的咨询服务和安置服务，包括研究和开发人力资源政策；

• 风险管理，主动管理/解决对该部门绩效产生负面影响的风险；

• 内部审计，为管理层和审计委员会提供独立客观的保证，以提高治理、风险管理和控制流程的有效性；

• 传播和营销传播与改进对该部门信息的访问；

• 更新信息和通信技术以满足部门的ICT需求；

• 财务和供应链管理为该部门提供有效和高效的财务管理及行政支持。

计划2：技能发展规划、研究计划。通过研究、监测和评估提供基于证据的战略方向，为安全及安保部门的可靠技能发展规划机制提供信息。计划2有助于实现以下战略目标：

• 建立实现部门任务制订计划的制度体系；

• 更好地识别和理解整个安全及安保部门的稀缺和关键技能需求；

• 提高监测和评价信息的完整性，用于规划和决策以及问责制。

计划3：学习计划。通过提供优质学习计划，缩小安全及安保部门稀缺的和关键的技能差距。本计划是安全及安保部门教育培训的核心，其中包括通过可自由支配的资助程序（包括助学金、学习、工作综合学习、实习、毕业实习、技能计划和工匠培训）资助的学习计划和项目。

计划4：教育培训质量保证计划。该计划的目的是执行行业和职业质量委员会关于职业资格课程或学习部分资格的授权职能，并确保有效执行质量保证职能，包括但不限于对学习者认证、对技能开发提供者的认证、对评估员和成绩核对人的注册，以及评估认证的学习材料。

（十九）服务业教育培训署

服务业教育培训署于2000年3月根据1998年《技能发展法》成立并注册。该委员会确保服务部门的技能要求得到有效确认，并为更多的学习者和需要提高工作技能的劳动者提供充足和适当的技能学习机会，促进服务部门就业和创业的高质量技能发展，促进国民经济增长。

服务业教育培训署通过调研分析表明，政治、社会和法律环境都对服务部门产生影响，经济增长和科技在社会发展中的地位日益重要，也都对服务部门技术开发提出了需求。

2014~2016年，服务业的就业增长14.4%（或年度4.6%）。但是，这在子行业中非常不均衡。商业服务部门的就业人数增长了20.1%，而招聘服务部门的就业人数减少了15.4%。服务业的更换需求估计约为每年10%。因此，在目前170万劳动力中，每年约有17万新员工替代旧员工进入本行业，此外，每年还会增加7万个新的职位，需要新员工加入。调研表明，服务业教育培训在过去三年中偏向对中低技术职业岗位的培训。

通过对各个子行业的调查，招聘服务、家庭和家政服务、清洁、头发护理、美容治疗、殡仪服务和房地产服务等子行业将环境健康和安全确定为需要更多关注的问题，主要涉及的问题包括卫生、危险化学品和货物的处理、废物管理和创新的绿色解决方案。一般性健康和安全技能反映在关键技能清单中，废物管理者和害虫控制专家等更专业的职业属于稀缺技能清单。技能需求的总体趋势表明，稀缺技能职业是技能水平较高的职业，包括小企业经理、协调员、财产估价师和项目经理。该部门给出的前10名稀缺技能或岗位分别为健康与卫生清洁技能、创业/商业技能（小企业经理）、计划或项目管理、规划和组织技能、美发师——专业黑人美发师、租赁管理、物业估值师、清洁主管/团队负责人、广告专家、ICT 系统协调员。

服务业的技能供需受很多因素影响，其中一些是行业内部因素，另一些是外部因素，源于整个行业。这些因素包括监管、经济商业周期、技术变革和南非劳动力市场可用技能的性质。培训署通过在技能供需之间实现有利的平衡，达到服务业部门技能的提升，并承诺确保服务业的教育和培训总体上满足下列要求：

- 提供验证和质量保证；
- 符合在国家框架内商定的标准；
- 确保新进入劳动力市场的人员得到充分的培训，并通过培训署的投入和活动提高其技能水平。

服务业教育培训署已经在所有培训中提高了资助学习者的入学率，受资助学生的入学人数从 2016/2017 年度的 31876 名增加到 2017/2018 年度的 46692 名，并与所有主要社会伙伴合作共同启动了一项支持小企业和合作社的增长和发展行动计划。同时，服务业教育培训署加强提供商的能力，实施了一系列旨在加强技能开发供应方的计划，包括培训评估员和成绩核对人、工作场所教练与导师以及技能发展促进者。进一步的方案针对的是那些以前不太重视的分部门。这些计划包括殡仪服务、护发服务、美容服务、时装和模特服务、招聘服务、清洁服务、房地产及相关服务。

服务业教育培训署建立了技能开发中心、社区学院和农村发展项目，2017/2018 年度累计支出了 1110 万兰特。同时建立旗舰企业家和合作发展研究所的项目计划已经获得批准，该研究所的完工日期为 2020 年。该研究所将对整个国家的技能开发和小企业支持产生重大影响。

（二十）运输业教育培训署

南非拥有现代化和发达的交通基础设施，拥有非洲大陆最大的空中和铁路网络，道路状况良好。该国的港口为往返欧洲、美洲、澳大利亚以及非洲东西海岸的航运提供中途停留。运输业教育培训署于 2000 年 3 月正式成立，旨在确保在运输业就业的人员得到充分的教育和培训，并具备相关技能，可以满足南非经济运输部门工作的要求。自 2012 年以来，运输部门对该国的 GDP 贡献了大约 9%。该部门职责包括通过铁路、管道、公路、水路或航空提供客运或货运，以及相关活动，如码头和停车设施、货物处理等，还包括租赁带司机或经营者的运输设备、邮政和快递业务。从 2011 年开始，运输业教育培训署划定的八个子行业分别是航天业、货运代理和清算、物流业、海运业、铁路部门、公路货运业、公路客运、出租车行业。运输业教育培训署最重要的五个特定功能分别是：

- 制订运输部门技能发展计划；

- 制订和实施学习、技能计划和实现战略举措；

- 工作场所技能发展计划（WSP）的批准；

- 分配征税补助金；

- 保证教育和培训的质量达到该部门所需的标准。

运输部门、海事和铁路等分部门依赖许多专业技能，因此依靠各种专业机构来管理技能开发和许可事宜。运输是受技术驱动和动态发展影响较大的行业，这使其易受与技术发展和技术过时相关的许多风险的影响。

南非运输部门的劳动力需求和供应受到国家社会经济格局、技术进步、环境利益和政策因素的高度影响。政府法规、技术变革、全球化、商业环境也是导致运输部门技能稀缺和职业变化的一些因素。运输业教育培训署不断制定新战略以确保其技术与需求相关，实现尖端的人力资源开发计划，以及为相应的级别提供合适的技能标准。根据该部门调查，目前运输部门估计有超过 25 万个不同技术职位的空缺，并且部门内技能培训的质量和数量不能满足该行业的技能需求，特别是传统的教育机构，被认为过于理论化而且缺乏实际课程的开发，而小型和私人技能培训机构可能更适合成为相关部门技能培训的提供者。其中各个子行业内最稀缺的十项技能分别为：

- 航天业：飞机维修技工、空中交通管制员、航空电子技工、飞行员、飞机结构工人、培训与发展专业人员、航空工程师、气象学家、电信工程师、航空工程技术员；

- 货运代理和清算：进口管理员、清算和转发代理、海关官员、供应链从业者、发送和接收文员/官员、货物经理（铁路或公路）、销售代表（商业服务）、呼叫中心销售人员、ICT 业务发展经理、进口商或出口商；

- 物流业：货运处理程序（铁路或公路）、卡车司机、办公室主管、仓储人员、船长、船舶官员、起重机操作员、供应和分发经理、仓库经理、叉车司机；

●海运业：海洋官员、捕鱼手、甲板部人员、船长（渔船）、船舶官员、教育或培训顾问、清算和转发代理人、船主、船舶工程师、潜水员；

●铁路部门：火车司机、铁路信号操作员、电焊工、电工、柴油钳工、火车控制人员、项目经理、电气工程技术员、铁路助理员、钣金工人；

●公路货运业：卡车司机、供应和分配管理人员、仓储人员、物流经理、送货人员、机械工程技术员、运输文员、柴油机械师、分发和接收文员/官员、销售代表（商业服务）；

●公路客运业：客车司机、公交车司机、柴油机械师、机械工程师、电工、租车和旅游巴士司机、信息官员、交通系统电工、车身制造者、机修工助理；

●出租车行业：出租车司机、接待员、财务经理、会计文员、致电或联络中心经理、客户服务经理、车队经理、培训和发展专业人员等。

根据上述行业技能缺乏情况，部门技能计划专门用于培养学习能力和基于工作场所的技能培训，以便学习者可以获得相关工作场所的学习经验，然后可将学习经验运用到其工作场所。运输业教育培训署还涉及批准或认证学习者在线注册、在线学习的大学和在线课程等。2017/2018 财政年度，运输业教育培训署扩大了对运输部门的影响，在规划和实施计划时依照国家优先事项，其中首要考虑的是道路安全、海洋经济战略、工匠发展、毕业生支持、小企业支持以及支持处境不利的人和社区等。运输部门的业务，特别是公路货运、货运处理和公路客运分部门的业务，长期受到道路上的事故和犯罪较多的影响。因此，运输业教育培训署继续投资于道路安全和防欺诈计划。

（二十一）批发和零售业教育培训署

批发和零售业教育培训署于 2000 年根据《技能发展法》成立。旨在依据国家技能发展战略，通过实施学习计划和发放补助金，培养技术精湛、专业的劳动力，促进批发和零售部门的技能发展。批发贸易涉及从各个制造商批量购买商品，并将产品分解成较少的数量，然后出售给零售商。零售贸易涉及从批发商处购买商品以及向消费者销售此类商品。属于批发和零售部门范围的实际活动按照标准行业分类规范划分。零售和批发业的关键子行业为：

- 服装分部门；
- 超市子行业；
- 汽车贸易和燃料销售子行业；
- 电子零售子行业；
- 珠宝子行业；
- 硬件销售；
- 商品销售。

根据该署调查报告，固体、液体和气体燃料及相关产品的批发商在该行业占主导地位；其次是食品、饮料和烟草以及机械设备和用品批发商；宝石、珠宝和银器批发商仅占该行业批发商总数的2%。一般经销商主导零售业，占所有零售企业的42%；其次是纺织品、服装、鞋类和皮革制品零售商，占零售业的20%；家用家具、电器和设备的零售商占总数的4%，占相对较小的比例。批发和零售业教育培训署在规划技能开发干预措施时，优先考虑主要类型的批发商和零售商的技能要求。

2014年南非有1530万人就业，批发和零售业雇用了324.7万人，占劳动力总数的21%。其中35岁以下的员工中有50%，35~55岁的员工中近35%的人被聘为服务和销售人员，55岁以上的员工主要担任管理或从事服务。

在过去十年中，越来越多具有全球意识的南非批发商和零售商已经将业务扩展到具有吸引力的国外市场，将其作为增长战略的一部分。为了成功进入不熟悉和不可预测的市场，这些企业需要了解并应对不同经济、政治和文化环境带来的挑战。在国际贸易环境中工作，技能和经验至关重要。为了在市场中保持竞争力，特别是面对市场的快速发展和消费者偏好的迅速变化时，采购和改变库存水平的能力也至关重要。批发和零售业教育培训署于2009年启动了国际领导力发展计划，旨在促进历史上处于不利地位群体中的批发和零售行业中的高级和执行经理的个人和职业发展，通过与知名的本地和国际公司以及先进的南非和海外教师的互动，使他们接触到本领域最新的发展信息。2017/2018 年度，他们访问了加纳，并与俄罗斯、中国、美国和印度的国际市场接触。

批发和零售业教育培训署技能发展计划的培训侧重于以下领域：

- 复杂的供应链管理；
- 极速供应链管理方法；
- 创业培训；
- 客户关系管理。

根据该部门 2017/2018 年度报告，批发和零售业教育培训署培训了各类职业人员共计 1637381 人，其中 62% 为从事服务和销售的人员。同时由于数字革命，为了使批发和零售部门变得更为高效和经济，将利润率和客户体验最大化，技能开发重点放在了诸如新技术学习，以及数字媒体、社交网络和营销方面的培训等计划上。

南非 21 个行业教育培训署名称及信息

1	AgriSETA	Agricultural Sector Education and Training Authority	农业教育培训署	www. agriseta. co. za
2	BANKSETA	Banking Sector Education and Training Authority	银行业教育培训署	www. bankseta. org. za
3	CATHSSETA	Culture，Art，Tourism，Hospitality，and Sport Sector Education and Training Authority	文化艺术旅游酒店和体育教育培训署	www. cathsseta. org. za
4	ConSETA	Construction Sector Education and training Authority	建筑业教育培训署	www. ceta. org. za
5	CheSETA	Chemical Industries Sector Education and Training Authority	化学工业教育培训署	www. chieta. org. za
6	ETDPSETA	Education，Training and Development Practices Sector Education and Training Authority	教育培训和发展实践教育培训署	www. etdpseta. org. za
7	EWSETA	Energy and Water Sector Education and Training Authority	能源和水利教育培训署	www. etdpseta. org. za
8	FASSETA	Financial and Accounting Services Sector Education and Training Authority	财务和会计服务教育培训署	www. fasset. org. za
9	FBMISETA	Food and Beverage Manufacturing Industry Sector Education and Training Authority	食品和饮料制造业教育培训署	www. fpmseta. org. za
10	FPMSETA	Fibre Processing and Manufacturing Sector Education and Training Authority	纤维加工和制造业教育培训署	www. foodbev. co. za
11	HWSETA	Health and Welfare Sector Education and Training Authority	卫生和福利教育培训署	www. hwseta. org. za
12	InSETA	Insurance Sector Education and Training Authority	保险业教育培训署	www. inseta. org. za

13	LGSETA	Local Government Sector Education and Training Authority	地方政府教育培训署	www. lgseta. co. za
14	MERSSETA	Manufacturing, Engineering and Related Services Sector Education and Training Authority	制造工程及相关服务业教育培训署	www. merseta. org. za
15	MICTSETA	Media, Information and Communication Technologies Sector Education and Training Authority	媒体信息和通信技术教育培训署	www. mqa. org. za
16	MQA	Mining Qualifications Authority	采矿资格认证署	www. mqa. org. za
17	PSSETA	Public Service Sector Education and Training Authority	公共服务部门教育培训署	http://www. pseta. org. za/
18	SaSSETA	Safety and Security Sector Education and Training Authority	安全及安保业教育培训署	www. sasset. org. za
19	SerSETA	Services Sector Education and Training Authority	服务业教育培训署	www. serviceseta. org. za
20	TraSETA	Transport Sector Education and Training Authority	运输业教育培训署	www. teta. org. za
21	WRSETA	Wholesale and Retail Sector Education and Training Authority	批发和零售业教育培训署	www. wrseta. org. za

南非 26 所公立大学简要信息

序号	中文名称	英文名称	省份	城市	建校年代	网址	电话
1	开普敦大学	University of Cape Town	西开普省	开普敦	1829 年	www. uct. ac. za	+27 21 650 9111
2	福特哈尔大学	University of Fort Hare	东开普省	东伦敦	1916 年	www. ufh. ac. za	+27 43 704 7000
3	自由州大学	University of the Free State	自由邦省	布隆方丹	1904 年	www. ufs. ac. za	+27 51 401 9111
4	约翰内斯堡大学	University of Johannesburg	豪登省	约翰内斯堡	2005 年	www. uj. ac. za	+27 11 559 4555
5	夸祖鲁-纳塔尔大学	University of KwaZulu-Natal	夸祖鲁-纳塔尔省	韦斯特维尔	2004 年	www. ukzn. ac. za	+27 31 260 1111
6	林波波大学	University of Limpopo	林波波省	曼克威恩	2005 年	www. ul. ac. za	+27 15 268 9111
7	姆普马兰加大学	University of Mpumalanga	姆普马兰加省	内尔斯普雷特	2013 年	www. ump. ac. za	+27 13 002 0001
8	纳尔逊·曼德拉大学	Nelson Mandela University	东开普省	伊丽莎白港	2005 年	www. mandela. ac. za	+27 41 504 1111
9	西北大学	North–West University	西北省	波切斯卓姆	2004 年	www. nwu. ac. za	+27 18 299 4897
10	比勒陀利亚大学	University of Pretoria	豪登省	茨瓦内	1908 年	www. up. ac. za	+27 12 420 3111
11	罗德斯大学	Rhodes University	东开普省	格拉姆斯顿	1904 年	www. ru. ac. za	+27 46603 8111
12	塞法克·马克贾托健康科学大学	Sefako Makgatho Health Science University	豪登省	加兰古华	2014 年	www. smu. ac. za	+27 12 521 4111

续表

序号	中文名称	英文名称	省份	城市	建校年代	网址	电话
13	索尔·普拉特杰大学	Sol Plaatje University	北开普省	金伯利	2014年	www.spu.ac.za	+27 53 491 0000
14	南非大学	University of South Africa	豪登省	比勒陀利亚	1873年	www.unisa.ac.za	+27 12 441 5888
15	斯坦陵布什大学	Stellenbosch University	西开普省	斯坦陵布什	1866年	www.sun.ac.za	+27 21 808 9111
16	沃尔特·西苏鲁大学	Walter Sisulu University	东开普省	乌姆塔塔	2005年	www.wsu.ac.za	+27 47 502 2844
17	文达大学	University of Venda	林波波省	托霍延杜	1982年	www.univen.ac.za	+27 15 962 8000
18	西开普大学	University of the Western Cape	西开普省	贝尔维尔	1959年	www.uwc.ac.za	+27 21 959 2911
19	金山大学	University of the Witwatersrand	豪登省	约翰内斯堡	1896年	www.wits.ac.za	+27 11 717 1000
20	祖鲁兰德大学	University of Zululand	夸祖鲁-纳塔尔省	理查德德湾	1960年	www.uzulu.ac.za	+27 35 902 6624
21	开普半岛科技大学	Cape Peninsula University of Technology	西开普省	开普敦	1920年	www.cput.ac.za	+27 21 959 6767
22	自由州中央科技大学	Central University of Technology, Free State	自由邦省	布隆方丹	1981年	www.cut.ac.za	+27 51 507 3911
23	德班科技大学	Durban University of Technology	夸祖鲁-纳塔尔省	德班	2002年	www.dut.ac.za	+27 31 373 2000
24	曼古苏图科技大学	Mangosuthu University of Technology	夸祖鲁-纳塔尔省	德班	1979年	www.mantec.ac.za	+27 31 907 7111
25	茨瓦内科技大学	Tshwane University of Technology	豪登省	比勒陀利亚	2004年	www.tut.ac.za	+27 12 318 5911
26	瓦尔科技大学	Vaal University of Technology	豪登省	范德拜尔帕克	1966年	www.vut.ac.za	+27 86 186 1888

南非50所公立职业技术学院简要信息

序号	中文名称	英文名称	省份	城市	网址	电话
1	博兰职业技术学院	Boland TVET College	西开普省	斯泰伦博斯	www. bolandcollege. com	+27 21 886 7111
2	布法罗城市职业技术学院	Buffalo City TVET College	东开普省	东伦敦	www. bccollege. co. za	+27 43 704 9262
3	摩羯座职业技术学院	Capricorn TVET College	林波波省	彼德斯堡	www. capricorncollege. edu. za	+27 15 230 1800
4	约翰内斯堡中央职业技术学院	Central JHB TVET College	豪登省	约翰内斯堡	www. cjc. edu. za	+27 11 484 2738
5	夸纳省沿海职业技术学院	Coastal KZN TVET College	夸祖鲁－纳塔尔省	夸马库塔	www. coastalkzn. co. za	+27 31 905 7000
6	开普敦职业技术学院	College of Cape Town for TVET	西开普省	开普敦	www. cct. edu. za	+27 21 404 6700
7	东开普省米德兰兹职业技术学院	Eastcape Midlands TVET College	东开普省	德班	www. emcol. co. za	+27 41 995 2000
8	安宠尼职业技术学院	Ehlanzeni TVET College	姆普马兰加省	内尔斯普雷特	www. ehlanzenicollege. co. za	+27 13 752 7105
9	东艾库鲁莱尼职业技术学院	EkurhuleniEast TVET College	豪登省	斯普林斯	www. eec. edu. za	+27 11 736 4400
10	西艾库鲁莱尼职业技术学院	Ekurhuleni West TVET College	豪登省	杰米斯顿	www. ewc. edu. za	+27 11 323 1600
11	宜咨格尼职业技术学院	Elangeni TVET College	夸祖鲁－纳塔尔省	派恩敦	www. efet. co. za	+27 31 716 6700
12	伊萨伊迪职业技术学院	Esayidi TVET College	夸祖鲁－纳塔尔省	谢普斯通港	www. esayidifet. co. za	+27 39 684 0110
13	福尔斯湾职业技术学院	False Bay TVET College	西开普省	开普敦	www. falsebaycollege. co. za	+27 21 003 0600

续表

序号	中文名称	英文名称	省份	城市	网址	电话
14	弗拉维乌斯马雷卡职业技术学院	Flavius Mareka TVET College	自由邦省	萨索尔堡	www.flaviusmareka.net	+27 16 976 0815
15	戈特锡班德职业技术学院	Gert Sibande TVET College	姆普马兰加省	斯坦德顿	www.gscollege.co.za	+27 17 712 9040
16	金田职业技术学院	Goldfields TVET College	自由邦省	韦尔科姆	www.goldfieldsfet.edu.za	+27 57 910 6000
17	伊卡拉职业技术学院	Ikhala TVET College	东开普省	昆斯敦	www.ikhala.edu.za	+27 47 873 8843
18	英格威职业技术学院	Ingwe TVET College	东开普省	芒特弗里尔	www.ingwecollege.edu.za	+27 39 255 0346
19	金辛沙职业技术学院	King Hintsa TVET College	东开普省	巴特沃思	www.kinghintsacollege.edu.za	+27 47 401 6400
20	金萨巴塔达林迪博职业技术学院	King Sabata Dalindyebo TVET College	东开普省	西西拉	www.ksdcollege.edu.za	+27 47 505 1001
21	莱帕拉莱职业技术学院	Lephalale TVET College	林波波省	莱帕拉莱	www.lephalalefetcollege.co.za	+27 14 763 2252
22	莱塔巴职业技术学院	Letaba TVET College	林波波省	蔡嫩	www.letabafet.co.za	+27 15 307 5440
23	勒弗戴尔职业技术学院	Lovedale TVET College	东开普省	金威廉敦	www.lovedalecollege.co.za	+27 43 642 1331
24	马尤巴职业技术学院	Majuba TVET College	夸祖鲁－纳塔尔省	新堡市	www.majuba.edu.za	+27 34 326 4888
25	马卢蒂职业技术学院	Maluti TVET College	自由邦省	弗洛蒂塔巴	www.malutivet.co.za	+27 58 713 3048
26	姆南比提职业技术学院	Mnambithi TVET College	夸祖鲁－纳塔尔省	莱迪史密斯	www.mnambithicollege.co.za	+27 36 638 3800
27	东南莫帕尼职业技术学院	Mopani South East TVET College	林波波省	帕拉博鲁瓦	www.mopanicollege.edu.za	+27 15 781 5721
28	莫特奥职业技术学院	Motheo TVET College	自由邦省	布隆方丹	www.motheotvet.co.za	+27 51 406 9300
29	姆塔沙纳职业技术学院	Mthashana TVET College	夸祖鲁－纳塔尔省	弗雷黑德	www.mthashanafet.co.za	+27 34 980 1010
30	恩坎加拉职业技术学院	Nkangala TVET College	姆普马兰加省	上瓦特法尔	www.ntc.edu.za	+27 13 658 4700
31	北开普乡村职业技术学院	Northern Cape Rural TVET College	北开普省	阿平顿	www.ncrfet.edu.za	+27 54 331 3836
32	北开普城市职业技术学院	Northern Cape Urban TVET College	北开普省	金伯利	www.ncufetcollege.edu.za	+27 53 839 2060

续表

序号	中文名称	英文名称	省份	城市	网址	电话
33	北连职业技术学院	Northlink TVET College	西开普省	开普敦	www. northlink. co. za	+27 21 970 9000
34	奥比特职业技术学院	Orbit TVET College	西北省	勒斯滕堡	www. orbitcollege. co. za	+27 14 592 7014
35	伊丽莎白港职业技术学院	Port Elizabeth TVET College	东开普省	伊丽莎白港	www. pecollege. edu. za	+27 41 585 7771
36	塞迪邦职业技术学院	Sedibeng TVET College	豪登省	弗里尼欣	www. sedcol. co. za	+27 16 422 6645
37	塞库克因职业技术学院	Sekhukhune TVET College	林波波省	赫罗布勒斯达尔	www. sekfetcol. co. za	+27 13 2690278
38	南开普职业技术学院	South Cape TVET College	西开普省	乔治	www. sccollege. co. za	+27 44 884 0359
39	西南豪登职业技术学院	South West Gauteng TVET College	豪登省	索韦托	www. swgc. co. za	+27 11 527 8300
40	塔莱托职业技术学院	Taletso TVET College	西北省	姆马巴托	www. taletso. edu. za	+27 18 384 2346
41	库维尼职业技术学院	Thekwini TVET College	夸祖鲁－纳塔尔省	伯里亚	www. thekwinicollege. co. za	+27 31 250 8400
42	北茨瓦尼职业技术学院	Tshwane North TVET College	豪登省	比勒陀利亚	www. tnc4fet. co. za	+27 12 401 1950
43	南茨瓦尼职业技术学院	Tshwane South TVET College	豪登省	杉球恩	www. tsc. edu. za	+27 12 401 5000
44	乌姆福洛济职业技术学院	Umfolozi TVET College	夸祖鲁－纳塔尔省	理查德德湾	www. umfolozicollege. co. za	+27 35 902 9503
45	姆贡贡德洛乌职业技术学院	Umgungundlovu TVET College	夸祖鲁－纳塔尔省	彼得马里茨堡	www. ufetc. edu. za	+27 33 341 2102
46	范贝职业技术学院	Vhembe TVET College	林波波省	托霍延杜	www. vhembefet. co. za vhembecollege. edu. za	+27 15 963 3156
47	沃塞拉职业技术学院	Vuselela TVET College	西北省	克莱克斯多普	www. vuselelacollege. co. za	+27 18 406 7800
48	瓦特贝格职业技术学院	Waterberg TVET College	林波波省	波特希特斯特斯	www. waterbergcollege. co. za	+27 15 492 9000
49	西海岸职业技术学院	West Coast TVET College	西开普省	马姆斯伯里	www. westcoastcollege. co. za	+27 22 482 1143
50	西部职业技术学院	Western TVET College	豪登省	兰德方丹	www. westcol. co. za	+27 11 692 4004

附录四
英文缩写及其含义

本书在第一部分叙述中采用了部分英文缩写，为了便于读者使用本书，将相关的英文缩写列入下表。

英文缩写	英文含义	中文含义
A		
AFRAC	African Accreditation Cooperation	非洲认证合作组织
AFRIMETS	Intra-Africa Metrology System	非洲区域计量组织
AFSEC	African Electrotechnical Standardisation Commission	非洲电工技术标准化委员会
AISI	Aerospace Industry Support Initiative	航空航天工业支持计划
APSS	Agro-Processing Support Scheme	农业加工支持计划
ARSO	African Regional Standardisation Organisation	非洲区域标准化组织
ASCCI	Automotive Supply Chain Competitiveness Improvement	汽车供应链竞争力提升
ASDP	Aerospace Sector Development Plan	航空航天部门发展计划
B		
BBBEE	Broad-Based Black Economic Empowerment	《黑人经济振兴法案》
BEE	Black Economic Empowerment Group	黑色经济增强集团
BIPM	International Weights and Measures Bureau	国际计量局
BPeSA	Business Process Enabling South Africa	南非业务流程支持部门
BPS	Business Process Services	业务流程服务
BSD	Black Supplier Development	黑人供应商发展
C		
CASCO	International Organization for Committee on Conformity Assessment	国际标准化组织合格评定委员会
CAV	Centurion Aerospace Village	百夫长航空村
CCF	Commercialisation Collaboration Forum	商业化协作论坛

英文缩写	英文含义	中文含义
CF	Commercialisation Framework	商业化框架
CFRTP	Continuous Fibre Reinforced Thermoformed Plastic	连续纤维增强热成型塑料
CFTA	Continental Free Trade Area	大陆自由贸易区
CIP	Competitiveness Improvement Programme	竞争力改善计划
CMMs	Coordinate Measuring Machines	坐标测量机
CoM	Chamber of Mine	矿业协会
CPS	Cyber-Physical Systems	网络物理系统
CSIR	Council for Scientific and Industrial Research	南非科学和工业研究委员会
CSP	Customised Sector Programme	定制行业计划
CTCP	Clothing and Textiles Competitiveness Programme	服装和纺织品竞争力计划
CTLF	Clothing, Textiles, Leather and Footwear	服装、纺织品、皮革和鞋类
D		
DCCS	Duty Credit Certificate Scheme	关税信用证计划
DIR	Digital Industrial Revolution	数字工业革命
DMR	Department of Mineral Resources	南非矿业部
DOE	Department of Energy	南非能源部
DPE	Department of Public Enterprises	南非公共企业部
DPW	Department of Public Works	公共工程部
DSBD	Department of Small Business Development	小企业发展部
DSM	Decision-Support Models	决策支持模型
DST	Department of Science and Technology	科技部
DTI	Department：Trade and Industry	贸易工业部
DTPS	Department of Telecommunication and Postal Services	邮电部
E		
EASA	European Aviation Safety Authority	欧洲航空安全局
EDD	Economic Development Department	经济发展部
EDP	Enterprise Development Programme	企业发展计划
EMEA	Europe-Middle East-Africa	欧洲、中东和非洲
EnMS	Energy Management Systems	能源管理系统
ESO	Energy Systems Optimisation	能源系统优化

续表

英文缩写	英文含义	中文含义
	F	
FAA	Federal Aviation Authority	美国联邦航空管理局
FIP&T	Future Industrial Production & Technologies	未来工业生产和技术
FP&MSETA	Fibre Processing Manufacturing Sector Education and Training Authority	纤维加工和制造业教育培训署
FTAPs	Firm-level Technology Assistance Packages	企业级技术援助包
FTE	Full-Time Equivalents	全日制等效
	G	
GDP	Gross Domestic Product	国内生产总值
GERD	Gross Expenditure on R&D	研发支出总额
GHG	Greenhouse Gas	温室气体
GI	Geographical Indication	地理标志
GSA	Global Sourcing Association	全球采购协会
	H	
HySA	Hydrogen South Africa	南非氢燃料电池项目
	I	
IAF	International Accreditation Forum	国际认证论坛
IB	Innovation Bridge	创新桥梁
IBP	Innovation Bridge Portal	创新桥门户网站
ICI	International Competitive Intelligence	国际竞争情报
ICT	Information and Communications Technology	信息通信技术
IDC	Industrial Development Corporation	南非工业发展公司
IEC	International Electro-Technical Commission	国际电工委员会
IEE	Industrial Energy Efficiency	工业能源效率
IIPF	Industry Innovation Partnerships Programme	行业创新合作伙伴计划
ILAC	International Laboratory Accreditation Cooperation	国际实验室认可合作组织
IMF	International Monetary Fund	国际货币基金组织
IP	Intellectual Property	知识产权
IPAP	Industrial Policy Action Plan	产业政策行动计划
IPP	Independent Power Producer	独立发电商
ISA	Industry Standard Architecture	工业标准体系结构

续表

英文缩写	英文含义	中文含义
ISCP	Integrated Supply Chain Programme	综合供应链计划
ISO	International Organisation for Standardisation	国际标准化组织
ISTMA	International Special Tooling & Machining Association	国际特殊模具和加工协会
ITAC	International Trade Administration Commission	国际贸易管理委员会
ITED	International Trade and Economic Development	国际贸易与经济发展组织
ITO	Information Technology Outsourcing	信息技术外包
J		
JASC	Joint Aerospace Steering Committee	航空航天联合指导委员会
K		
KPO	Knowledge Process Outsourcing	知识流程外包
L		
LED	Light Emitting Diodes	发光二极管
LIB	Lithium Ion Battery	锂离子电池
LPO	Legal Process Outsourcing	法律流程外包
M		
MCEP	Manufacturing Competitiveness Enhancement Programme	制造业竞争力提升计划
MDM	Mechanically Deboned Meat	机械去骨肉类
MEMSA	Mining Equipment Manufacturers Cluster	南非采矿设备制造商
MMDP	Marine Manufacturing Development Plan	海洋制造业发展计划
MOA	Memorandum of Agreement	协议备忘录
MRO	Maintenance, Repair and Overhaul	维护、维修和大修
MTSF	Medium Term Strategic Framework	中期战略框架
MWRP	Monyetla Work Readiness Program	蒙耶特拉工作准备计划
N		
NBCLI	National Bargaining Council of the Leather Industry	皮革行业谈判委员会
NCACC	National Conventional Arms Control Committee	国家常规武器控制委员会
NCPC	National Cleaner Production Centre	国家清洁生产中心
NDP	National Development Plan	国家发展计划
NETFA	National Electrical Test Facility	国家测试中心
NFTN	National Foundry Technology Network	国家铸造技术网络
NIP	National Industrial Participation	国家工业参与

续表

英文缩写	英文含义	中文含义
NIPMO	National Intellectual Property Management Office	国家知识产权管理办公室
NIPP	National Industrial Participation Program	国家工业参与计划
NMISA	National Metrology Institute of South Africa	南非国家计量研究所
NRCS	National Regulator for Compulsory Specifications	国家强制性规范监管机构
NSF	National Skills Fund	国家技能基金
NSI	National System of Innovation	国家创新体系
NT	National Treasury	国家财政部
O		
OEM	Original Equipment Manufacturers	原始设备制造商
OIML	International Organisation of Legal Metrology	国际法定计量组织
P		
PAQI	Pan African Quality Infrastructure	泛非质量基础设施
PCBs	Printed Circuit Boards	印刷电路板
PGMs	Platinum Group Metals	铂族金属
PIP	Production Incentive Programme	生产激励计划
PPPFA	Preferential Procurement Policy Framework Act	《优惠采购政策框架法》
PT	Proficiency Testing	能力测试
R		
R&D	Research and Development	研究与开发
REC	Regional Economic Community	区域经济共同体
RECP	Resource-Efficient and Cleaner Production	资源节约型和清洁生产
REIPPP	Renewable Energy Independent Power Producer Programme	可再生能源独立发电商计划
RoA	Rest of Africa	非洲其他地区
RREO	RevealedRealistic Export Opportunities	已披露的实际出口机会
RTE	Rail Transport Equipment	铁路运输设备
S		
SA	South Africa	南非
SAAT	South African Airways Technical	南非航空技术公司
SABS	South African Bureau of Standards	南非标准局
SACU	Southern African Customs Union	南部非洲关税同盟
SADC	Southern Africa Development Community	南部非洲发展共同体

续表

英文缩写	英文含义	中文含义
SADCMET	Southern African Development Community Cooperation in Measurement Traceability	南非标准发展联盟
SAFLEC	South African Footwear Leather Export Council	南非鞋类皮革出口理事会
SAIMI	South Africa International Maritime Institute	南非国际海事研究所
SAMPEC	South African Mineral Processing Equipment Cluster	南非矿产加工设备集群
SANAS	South African National Accreditation System	南非国家认证系统
SANSA	South African National Space Agency	南非国家航天局
SARA	Small African Regional Aircraft	小型非洲区域飞机
SARS	South African Revenue Service	南非税务局
SATRA-UK	Shoes and Allied Trade Research Association	鞋类及联合贸易研究协会
SEDA	Small Enterprise Development Agency	小企业发展局
SEZs	Special Economic Zones	经济特区
SI	International System of Units	国际单位制
SMEs	Small and Medium Enterprises	中小企业
SMMEs	Small and Medium-size Manufacture Enterprise	中小型制造企业
SOCs	State Owned Companies	国有企业
SSA	State Security Agency	国家安全局
STI	Science, Technology and Innovation	科学、技术和创新
SWG	Skills Working Group	技能工作组
SWTAP	Sector-WideTechnology Assistance Package	全行业技术援助包
T		
TASA	Tool Making Association of South Africa	南非工具制造协会
TBAC	The Bespoke Amenities Company	定制便利设施公司
TDM	Tool, Die and Mould-making	工具、模具制造
TFTA	Tripartite Free Trade Area	三方自由贸易区
TIA	Technology Innovationagency	技术创新局
TIPS	Trade and Industrial Policy Strategies	贸易和产业政策战略
TISA	Trade in Service Agreement	《国际服务贸易协定》
TLIU	Technology Localisation Unit	技术国产化部门
TLP	Technology Localisation Programme	技术国产化计划
TOM	Trade Opportunity Matrix	贸易机会矩阵

续表

英文缩写	英文含义	中文含义
TTFs	Thematic Trust Funds	专题信托基金
U		
UAVs	Unmanned Aerial Vehicles	无人机
W		
WCM	World-Class Manufacturing	世界一流制造业

参考文献

[1] Council on Higher Education. *Higher Education Monitor: The State of Provision of MBA in South Africa* [R]. Pretoria: CHE, 2004.

[2] Departmentof Education. *National Qualifications Framework Bill* [R]. Pretoria: DE, 2008.

[3] The Government of the Republic of South Africa. *Human Resource Development Strategy for South Africa (HRD-SA): 2010 - 2030* [R]. Pretoria: The Government of the Republic of South Africa, 2009.

[4] The South African Qualifications Authority. *Level Descriptors for the South African National Qualifications Framework* [R]. Waterkloof: SAQA, 2012.

[5] Council on Higher Education. *A Framework for Qualification Standards in Higher Education (Second Draft)* [R]. Pretoria: CHE, 2013.

[6] Council on Higher Education. *Vital Stats Public Higher Education* 2016 [R]. Pretoria: CHE, 2018.

[7] Department of Higher Education and Training. *Annual Report* 2017/18 [R]. Pretoria : DHET, 2018.

[8] Department of Higher Education and Training. *Statistics on Post-School Education and training in South Africa: 2016* [R]. Pretoria: DHET, 2018.

图书在版编目（CIP）数据

南非经济、产业及教育概览 / 王鸿凯等主编. -- 北
京：社会科学文献出版社，2022.4
ISBN 978 - 7 - 5201 - 9985 - 8

Ⅰ.①南… Ⅱ.①王… Ⅲ.①经济 - 概况 - 南非共和
国②产业发展 - 概况 - 南非共和国③教育事业 - 概况 - 南
非共和国 Ⅳ.①F147.8②F269.478③G547.8

中国版本图书馆 CIP 数据核字（2022）第 057268 号

南非经济、产业及教育概览

主　　编／王鸿凯　刘　霞　柳岸敏　黄　超

出 版 人／王利民
责任编辑／张苏琴　仇　扬
责任印制／王京美

出　　版／社会科学文献出版社·当代世界出版分社（010）59367004
　　　　　　地址：北京市北三环中路甲 29 号院华龙大厦　邮编：100029
　　　　　　网址：www. ssap. com. cn
发　　行／社会科学文献出版社（010）59367028
印　　装／三河市尚艺印装有限公司

规　　格／开　本：787mm × 1092mm　1/16
　　　　　　印　张：15　字　数：239 千字
版　　次／2022 年 4 月第 1 版　2022 年 4 月第 1 次印刷
书　　号／ISBN 978 - 7 - 5201 - 9985 - 8
定　　价／98.00 元

读者服务电话：4008918866